名师名校名校长

凝聚名师共识
固本名师关怀
打造名师品牌
培育名师群体

顾明远

梦想之路
微笑领航

——我和我的名校长工作室

李悦新／编著

北京出版集团

北京教育出版社

图书在版编目（CIP）数据

梦想之路　微笑领航：我和我的名校长工作室 / 李悦新编著. -- 北京：北京教育出版社，2024. 12.
ISBN 978-7-5704-7160-7

Ⅰ．G42

中国国家版本馆CIP数据核字第2025XP7032号

梦想之路　微笑领航——我和我的名校长工作室
MENGXIANG ZHI LU WEIXIAO LINGHANG
WO HE WO DE MINGXIAOZHANG GONGZUOSHI

李悦新　编著

＊

北 京 出 版 集 团
北 京 教 育 出 版 社　　出版

（北京北三环中路6号）

邮政编码：100120

网址：www.bph.com.cn

京版北教文化传媒股份有限公司总发行
全国各地书店经销
河北宝昌佳彩印刷有限公司印刷

＊

710 mm×1 000 mm　16开本　14印张　188千字
2024 年 12 月第 1 版　2024 年 12 月第 1 次印刷
ISBN 978-7-5704-7160-7
定价：58.00 元

质量监督电话：（010）58572525　58572393

他带着微笑追寻教育本真

著名教育家陶行知先生说："做一个学校校长，谈何容易！说得小些，他关系千百人的学业前途；说得大些，他关系国家与学术之兴衰。"由此可见，校长不仅要用先进的理念引领学校，用科学的管理提升学校，用务实的举措发展学校，还要用教育智慧优化学校，用人格魅力熏陶学校，用无私奉献影响学校。

翻开《梦想之路　微笑领航——我和我的名校长工作室》的书稿，我走进了李悦新校长的微笑世界。他从辍学少年到教坛新星、优秀教师，再到名校长、名校长工作室主持人，达到了许多教育工作者难以企及的高度……给我印象最深的是，不管生活轨迹多么离奇曲折、跌宕起伏，他都始终在更好地做自己——一个最真实、最独特的人。

一、心中有爱，春暖花开

李悦新校长的职业生涯之路颇具戏剧性。他从河北乡村到普通小学，后辞职南下到深圳应聘到民办学校，再转战广州，在开发区第二小学一干就是十多年，辛勤耕耘，不懈努力，做出了骄人的成绩，积累了独特的经验，开创了一条幸福之路。这一切源于最简单、最高贵的情感——爱。

只有心中有爱的人才会初心不变，恪尽职守，热爱生活。他对教育事业挚爱如一，无论在哪个岗位都是实干苦干，力求上进，着力于创造性地开展工作，从而在平凡的岗位上出类拔萃，让普普通通的学校异军突起，很快成为教育界一道亮丽的风景。

他高度重视微笑教育入课程、进课堂、融家庭，广泛开展研学活动、社会实践活动、亲子活动，将微笑教育宗旨和目标内化为每个人的自觉行为和精神追求，深入每个人的内心，使微笑教育在家庭、学校和社会相互促进、相得益彰，使每个人都承担起微笑教育的使命。

二、心中有善，美好常在

"今天，你微笑了吗？"短短的几个字，传递的却是最朴素的善意，诠释的是亲切的情谊和本真的回归。

他自己带头，让微笑教育在课堂、校园、生活中回归到"教真育爱"的价值本真，在你我他之间无处不在，做到了"教育的目的是使人成为有价值的人，成为幸福快乐的人"。

于是，无数学生带着微笑这个受益终身的法宝走向了更广阔美丽的世界；无数老师带着微笑教研、授课、沟通，享受为师者的无限荣光，体会到教育的真谛；无数家长口耳相传，放心托付，理解支持，家校合作融洽默契；无数工作室的"入室弟子"对这个"师傅"佩服有加，赞誉不绝，三年间他们浸泡式的学习，耳濡目染，学习和借鉴了"师傅"的方法和经验，一步步迈向优秀校长的平台。

三、心中有德，涵载万物

一个有德之人应当具备慈悲、仁爱、诚信、正直、谦虚、包容等品质，愿意为社会做出贡献，能够为他人带来福祉。

李悦新校长身体力行，从倡导微笑教育理念开始，持续十多年致力于开发区二小以及名校长工作室开展的各种活动，其中无不体现他对待他人的尊重、对待社会的责任、对待自然的敬畏的态度，让人感受到他身上润物无声的德行修养。学校日新月异的发展既离不开全体教师的专业、敬业、乐业，更离不开校长的教育思想和领导魅力。他以德为先，以能为基，以勤为本，以绩为要，以廉为则，即使遇到困难和阻碍，也不会犹疑和退缩，而是一往无前，犹如一束光照亮教师前行的方向。

四、心中有信，行而致远

翻阅这本专著，无论是高效的会议、精细的研修，还是教师、学生、家长的回忆文章和工作室学员的心得体会，我都能强烈地感受到李校长坚定的信心和人们对他的信任。正是源于这股自信，他肩负着培养成千上万优秀教育工作者的重任，用心用情，以先进的教育理念、深厚的教育素养和扎实的教学能力带领教师和工作室学员听课磨课、专题研讨、诊断指导、协同研修……将学校发展成为"名师"成长摇篮，将工作室建设成为"名校长"提升平台，为广东省基础教育提质增效、均衡发展做出了巨大贡献。

看到师生、家长和社会各界给予他那么多热情的赞誉，我想这就是作为一名教育工作者最高的荣誉和最大的幸福。我非常乐意为本书作序，也相信会有更多的教育工作者能分享这份成果和智慧！

在此，我由衷祝福他保持内心那份从容，继续追寻心中的理想。

归来，他依然笑得最美！

左璜

（左璜，教育学博士，心理学博士后，教授，硕士生导师，比利时根特大学博士生合作导师，华南师范大学教师教育学部德育与教师发展系主任，教育部中国学生发展核心素养课题组成员）

序言

目 录

第一章 寻 梦
——跌宕起伏成长史，上下求索教育路

一、寻梦之旅中那一串串坚定的足迹 　　　　　　2

二、我的感悟：时刻不忘让教育回归本真 　　　　6

第二章 追 梦
——开发内心宝藏，牵手微笑教育

一、微笑教育在身边 　　　　　　　　　　　　　13

二、微笑教育的基本特征 　　　　　　　　　　　16

三、微笑教育的重大意义 　　　　　　　　　　　20

四、微笑教育的办学体系 　　　　　　　　　　　26

五、微笑教育，让心回归 　　　　　　　　　　　50

六、参观交流络绎不绝，微笑教育影响深远 　　　53

七、我的感悟：道阻且长，行则将至 　　　　　　68

第三章 筑 梦
——李悦新名校长工作室领航多方共赢发展

一、揭牌仪式鼓舞人心，工作室开启新篇章 　　　70

二、打造学习与研究的平台——凝练思想，成就自我　　　　73

三、搭建能力提升的阶梯——实战锤炼，成就学校　　　　87

四、构建共享辐射的中心——示范引领，成就区域　　　　115

五、我的感悟：逆水行舟，奋楫笃行　　　　122

第四章　圆　梦
——自我赋能，成就他人

一、影响力辐射全国，媒体广泛关注　　　　124

二、个人成果丰硕，传播教育思想　　　　124

三、我的感悟：寻找光，追逐光，成为光　　　　157

第五章　守　梦
——在崎岖险径中感受声音的力量

一、各界的声音　　　　160

二、跟岗心得　　　　162

三、跟岗日记　　　　176

四、活动感言　　　　200

后　记　　　　212

每个人身上都有太阳，主要是如何让它发光。

——苏格拉底（古希腊）

太阳的光辉洒满了大地

浅浅的金光笼罩万物

在光影中行走

大多数人都梦想成为别人羡慕的人

却面无表情，心若冰霜

殊不知，发自内心的微笑

便可让人如沐阳光，温暖舒适

即使没有太阳

在黑暗中，自己也是唯一的光

第一章　寻　梦

——跌宕起伏成长史，上下求索教育路

　　岁月流逝，时光荏苒。时间过得真快，广东省李悦新名校长工作室成立转眼已三年。在专家和领导的悉心指导下，在同行的真诚帮助下，在全体学员的精进践行中，工作室走过了一段充实而意义非凡的路。

　　回望来路，从我一个人的努力到一群人的共进，从精益求精的教学研究到高瞻远瞩的治校策略，从深入校园的参访到打破时空限制的在线研修，从繁华都市的开发区第二小学到简朴的粤西乡镇小学，岁月见证着工作室怎样一路成为优质教育资源的聚集地和骨干校长交流的平台与成长的摇篮。此时的我心中虽仍有对教育中存在的问题和教育现状的忧思，但坚守了十多年的"微笑教育"梦想蓝图依然清晰，我也将一如既往"荷担育人之重任"。

一、寻梦之旅中那一串串坚定的足迹

　　常有人这样问我：

　　"李校，您小时候的梦想是什么？老师对您的影响如何？"

　　"您为什么选择走上教育这条路呢？"

"您当初为什么要做微笑教育？"

……

面对人们的好奇和困惑，在此我分享一位工作室成员的笔记，也许各位读者能从中找到关于我的成长史和走上教育路的诸多答案。

金秋十月的午后，作为广东省李悦新名校长工作室的学员，我漫步在广州开发区第二小学的生态园，脑海中浮现出第一期跟岗研修活动中李悦新校长与我们几位学员座谈时分享的十年寒窗求学往事。

一、辍学少年金榜题名，逆袭成功源于"激励"

三十多年过去了，李校长一直忘不了四年级的两次考试，一次是学期末，一次是学年末。那年的学期末，班主任奖励了考试前四名的同学，奖品是一瓶蓝墨水。他考了第八名，没有得到奖励，所以他下定决心：下次一定要考到前四名，拿到奖品。于是，他踌躇满志，发誓刻苦学习！

功夫不负有心人！学年末他真考了第四名，悲哀的是班主任把奖励方案改了——只奖励前三名。当时他的失落无以言表，"费那么大力气，好不容易考到了第四名，方案又改了"。虽是一件小事，但是这件事在他并不成熟的幼小心灵中留下了难以磨灭的烙印，也彻底打击了他的学习积极性。从此以后，他萎靡不振，恶劣情绪滋生，这种状态一直持续到初二……

眼前的生态园，仅是第二小学优美校园的一隅，这里的亭台、假山交相辉映，相得益彰，小桥流水别致典雅，小鱼在畅游，小鸟在欢歌，孩子们清脆的童声、灿烂的笑容、活泼的身影给校园增添无限生机。

我在这里看到的是温暖而亲切的生命，感受到的是一种真正的教育。"是什么让校园处处给人以美的熏陶，时时给人以智慧的启迪呢？"我渴望找到其中的真谛并运用到自己的学校中，让师生也舒心工作、学习，享受到生活的美好。这是我加入工作室最简单朴素的愿望。

这次是乡村中小学校长访名校培训的第一天，于是我早早到来，让自己有更多时间去慢慢观察、感受和思考。

在花木的缕缕清香中，我的记忆又回到那次座谈会上——

三十多年过去了，李校长一直忘不了在学习上遭受打击后的他，对学习没有兴趣，每天混日子，慢慢地学着抽烟、打架、逃学、辍学、干农活……在父亲的坚持下，他浪子回头，重返校园，复读初二。所幸的是，复读让他的人生彻底发生了改变，他从一个学困生摇身一变成了优等生。

是什么原因让一个被老师放弃了的他发生了如此大的变化呢？

他感慨万千："是激励！我要感谢两位老师：英语老师和语文老师。当时我的英语成绩一直不及格，但是，英语老师总是在我进步的时候真诚地鼓励我，当时原因可能有两个：一是她心地善良，另一个原因——怕我影响她的课堂，因此用维护我的方式感化我。总之，她当着全班同学的面表扬我，让我获得了尊重与自信，才使我不断地进步。语文老师常常表扬我作文中的好词好句多。因为当时我的四姨给了我一本好词好句摘抄本（现在都保留着），没事我就读一读，写作文时就用上几个，所以我的作文就多了几分文采。就这样，我获得了语文老师的认可，他也当着全班同学的面毫不吝啬地表扬我。"

"那一段时间，我心中充满了喜悦和自信：原来我也能进步，原来我也可以得到老师的表扬，原来我也有值得骄傲的地方！就这样，我找回了自信心，重新点燃了激情，开始刻苦学习，虽没有悬梁刺股，但绝对是废寝忘食。虽然落下的功课太多，但经过初二一年的努力，我竟然考了年级第五名。中考，我又取得了全年级第二的好成绩，从小学到初中毕业，我共上了10年，苦尽甘来呀！"

10年的漫漫求学路上，他最终用老师的激励换来了金榜题名。

二、少有人走的路，情智成熟的旅程

徜徉生态园，我望着近在咫尺的"若谷石""坦心石"，内心变得纤尘不染，澄澈而温暖。记得初见李悦新校长时，我对他有些敬畏情绪。他是名校长，不仅教学能力强，而且管理有方，身上有许许多多殊荣：全国优秀科研教师、全国优秀教育工作者、广东省特级教师、广东省名校长工作室主持人……那时，从乡村小学走出的我特别担心自己心有余而力不足，难以学习达标，而此时，耳边响起的是李悦新校长语重心长的那句叮咛："做有激情的教育人！"

是啊，虽然李悦新校长的求学之路如山路般曲曲折折、坎坎坷坷，带着几分不可思议，甚至还带有几分传奇色彩，但几经起落，终有所得。

李悦新校长说："这段经历给了我今后教学三点启示：一是学生需要物质和精神的各种激励；二是要善于发现学生的闪光点并及时激励；三是要面向全体，不放弃每一个学生。"

他这样总结后更是不断实证，从在教坛上崭露头角，到28岁做校长初露光芒，再到放弃舒适生活毅然南下，最终勇于重塑自我，走出了一条只有底气十足、心胸坦荡的人才敢选择的路。

正是他这些无意中娓娓道出的往事让我最初的胆怯消失了。"我要向师傅好好学习，哪怕只将他教育探索中的精髓吸取十分之一，对于改善我的现状都是莫大的帮助。"于是，我忐忑不安的心沉稳下来，脚步更加踏实。

走出生态园，校门口"迎着晨风，你微笑了吗"金灿灿的九个大字微笑地欢迎着走近它的人们，特级教师魏书生老师的题词"今天你微笑了吗？"这句话镌刻在校门口淡黄色的磨砂大理石上。第一次踏足这所学校时，我只粗略地了解李悦新校长在学校实施微笑教育。在办学初期，他也存在种种困扰，后来解决诸多难题，带领团队兢兢业业，开创了第二小学的崭新局面。而这次培训的主题是"解读微笑教育与学校内涵发展"。

机会太难得！我急切地回到培训室，开始用心走近微笑教育，去领悟其奥妙，感受其魅力。

——广东省廉江市石岭镇中山小学校长、工作室成员龙梓川

二、我的感悟：时刻不忘让教育回归本真

回味着学员的笔记，我的心头百感交集。我们每个人都应该坚持自己的梦想，哪怕遇到再多的挫折和困难，只要积极进取，就一定能取得成功。我知道，前方的道路曲折艰难，但只要我们对梦想保持那份坚定的执着，就一定能找到属于自己的星辰大海。而我自己又何尝不是在跌宕起伏的寻梦之旅中找到了方向，留下了一个个坚定的足迹。

（一）教书生涯——狠拼搏

教师成长固然需要好的环境，但更重要的是善于调整心态，富有教育的激情，这样才能有所作为。毕业的时候，每个人都渴望被分配到好的学校，但好的学校毕竟为数不多，不可能谁都如愿以偿。如果不幸被分到了艰苦的地方，该怎么办？回顾教育生涯，我觉得关键是个人要充满激情，务实肯干，积极进取，开拓创新，不断迎接挑战，这样就一定会在现实的沃土中找到自己的生长点，放射出光芒。从这个意义上说，教师良好的成长环境由教师自己创造。

1. 不当压力当锻炼

（1）实习数学教语文

考上师范院校以后，经过三年的专业学习，我于1994年7月以优秀毕业生的身份取得了毕业证书。当时本想进我们县最好的实验小学，但是没有如愿以偿，我被分到了一所条件较差的小学。接到通知时我有些失落，但最终还是接受了。我当时想：一定要争气，要干出个样来！要让实验小学的领导因为没有要我而后悔。

刚振作起来去报到，又传来一个"噩耗"：学校让我教四年级语文。我本来实习的是数学，现在要教语文，懵呀！但是我心想，得挺住，不能退缩，就当是锻炼自己的好机会。于是，我咬着牙接了任务。没想到这一教就是几年，而且还取得了一点点成绩，真是"无心插柳柳

成荫"。试想如果当初我找理由推掉，教回数学，可能也未必有太好的发展。

（2）迎"普九"勇挑重担

在我们省迎接国家"普九"验收期间，学校领导又突然给了我一个新任务，负责少先大队活动室的布置工作，要求里面有学生制作的手工作品。少先大队活动室是必检的功能室，绝不能马虎。可活动室里面什么展品都没有，怎么办？给其他老师分任务肯定都不愿意做，想想自己上师范的时候还学了点"技术"，干脆"自己动手，丰衣足食"。经过40天的起早贪黑、加班加点，我带着自己班的学生把少先大队活动室布置好了。展品丰富多彩，自制手帕、根雕、石头工艺、剪纸、布艺、书法等琳琅满目。如今近20年过去了，那些作品有的还保留在学校的展室内，值得自豪的是，那些学生至今仍与我保持密切的联系。

（3）为"普实"再度出山

刚刚迎接完"普九"检查，接着就是普及实验教学。由于原来的实验员年龄太大，由我临时上阵担当实验员。按照二类实验室的配备标准，我需要完成如下任务：按类别整理实验器材，了解实验器材的功能，熟悉实验步骤，掌握注意事项，知道有哪些分组实验和演示实验，补齐三年的实验记录……不仅如此，器材室在实验室的里面，只有一扇门，房间不透气，恰逢夏天又没有电扇。为了省钱，我自己当油漆工把门窗粉刷了一遍，闻着满房间的油漆味，顶着高温，开始起早贪黑地工作。有一次恰逢周末，天气实在太热，我就把上衣脱掉了，光着膀子干活。糟糕的是，县教育局领导突击检查，我被逮个正着，在协调会上被全县通报批评，说我不文明，不像老师。值得高兴的是，因为我高质量地完成了任务，批评我的那位领导后来了解了情况后对我进行了高度赞扬。学校也因此被评为"普实迎检先进单位"。

2. 不求合格求优秀

工作初期，我也像很多教师一样没有设想自己的将来，可是随着时间的推移，我慢慢进入了角色并从教学中找到了乐趣，有了自我实现的渴望。于是，我告诫自己，一定要抓住机会表现自己，让自己发光。在我的激情被点燃的同时发生了一件事情，这件事让我更坚定了自己拼搏的信念。在一次学校例会上，校长说："学校的住房就给潘振国（一位优秀教师，现为大连开发区小学语文教研员）了，谁能达到他的水平，也给谁……"我感慨万千：要是教学上自己再突出一些，不就有机会住上家属房了吗？于是我把大部分精力都放在了提高教学成绩和研究课堂教学上。经过不懈努力，我参加了县课堂教学大比武，最终"过关斩将"取得了一等奖。从此以后，只要有比赛，学校领导就让我参加，只要参加就拿奖。不仅如此，我带的毕业班成绩多次名列全县前列。我这块埋在土里的金子终于发光了。

3. 不靠他人靠自己

我这里所强调的主要是积极主动地去获取知识，提高自己，绝不能等着天上掉馅饼，更不能怨天尤人，把时间浪费在发牢骚上。自身的成长靠的是自己积极主动地去获取。这个世界上少有人愿意心甘情愿地把自己的所得毫无保留地传给另一个人。所以，我们必须靠自己虚心向别人请教和刻苦自学来获得，使自己在短时间内快速成长起来。

刚步入讲坛的时候，我对语文教学丝毫不了解，就连当时推行的"整体教学法"都一无所知，更没听说过《小学语文教学大纲》，盲目认为学生学会了生字词，会解答课后习题了，课就上完了。第一次上公开课《圆明园的毁灭》时，我模模糊糊，一知半解，不知道教了什么，也不知道怎么教。通过领导和同事们点评，我明白自己首先要做两件事：一是熟读《小学语文教学大纲》，明白语文教学所承担的任务，知道语文教学该如何教；二是搜集整体教学法的相关资料，明白什么是整体教学法。日积月累，书读得多了，课上讲得多了，建议听得多了，我的课堂教学水平明显提高了。

4. 不满现状求发展

我的业务水平提高了，工作业绩突出，各级各类的荣誉也收入囊中。可我并没有满足现状，总觉得自己还有些地方要发展，要突破。于是，我又在课题研究和论文写作上下功夫。一开始是跟别人做课题，到后来自己主持课题。最早是做校级课题，到后来做省、市级课题。随着科研课题的突破和一个个成果被肯定，我越来越有成就感，越来越感觉自己很优秀。2000年8月，我终于如愿以偿地当上了学区主体校的校长。

(二) 做校长——绽放光芒

我当校长那年才28岁，在工作中特别肯干，用心去干好每一件事，经常得到上级领导的表扬。许多老师都羡慕我。每当镇里组织校长会议时，那些两鬓斑白的老校长、老前辈总忍不住多看我两眼。我知道他们可能对我充满好奇，因此，每每在这个时候我都会提醒自己，绝不能骄傲，要谦虚，要保持自己的教育热情，凭着年轻力壮要敢闯敢拼。

(三) 辞职后——扬帆远航

在我们生活的年代，辞职可是一件大事。爹妈一筐鸡蛋、一头猪换来的辛苦钱把我供成了一个端"铁饭碗"的人，说下海就下海，那要多么大的勇气。但我之所以敢做出这个决定是因为我相信自己。

1. 适应环境，挑战自己

外面的世界虽精彩，但外面的世界也有很多无奈。出来之后才发现，广东的生活和工作与内地完全不一样：工作强度大、压力大，朋友少，人生地不熟，身边没有亲人……那种孤独、无助和不适应难以用语言表达。我上的第一节公开课——《董存瑞舍身炸暗堡》反响一般，掌声稀疏。我猛然发现自己当校长那两年"懒惰"了，在教学上不知不觉落伍了。那时候，我常常一个人趴在出租屋的窗台上，茫然地望着外面陌生的人和事。几番煎熬之后，我想明白了：人生没有回头路。于是，我下定决心，一定要适应这里的环境，改变这一切，搏出一片蓝天。

之后我又开始了"闭门修炼"。我挤出一切时间扎在图书室看有关语文教学方面的书,《义务教育小学语文课程标准（2011年版）》《小学语文教师》《语文教学通讯》《小学语文教学》《小学教学设计》《小学青年教师》《教学月刊·小学版》这些书或刊物我已经阅读了很多遍,我希望其他语文老师也能常读这几种图书或刊物。

经过勤学苦练,我的功力大增,一节《鸟的天堂》赢得了喝彩。于是,我又燃起了激情,产生了新的追求。2003年8月,我应聘到了深圳工作,从此,我的生活和工作条件有了很大改善。

2. 利用资源,重塑自己

在深圳工作期间,我收获巨大。因为我非常幸运地遇到了许多优秀的教师,在潜移默化中丰富了自己。去深圳前,我觉得自己是一条龙,去了深圳才发现自己只是一条虫。和我一个办公室的有六位教师,国家级骨干教师就有两个,还有一位特级教师。面对着那些"大腕",我虚心学习,经常抽时间去听他们的课,请他们和学校领导听课指导。

机会总是给有准备的人,我赢得了一次非常好的表现机会——为中央电教馆录一节远程教育课。除此之外,我还向那位年长的国家级骨干教师请教如何撰写论文,他对我悉心指点,让我知道了投稿的秘诀——对症下药,百投不厌。在他的影响之下,我发表了三篇论文,两篇发表在《教师报》,一篇发表在《青少年写作》。也是在他的影响之下,我开始为学生不停地修改文章并投稿发表。这期间,我感到自己真的被重新塑造了一遍,我知道,自己又进步了。

3. 审时度势,超越自己

民办学校的工作还算顺利,虽然辛苦,但也有丰厚的回报。我觉得基本上实现了当初的梦想。但工作久了,慢慢地我又发现:自己不过在打工,就像茫茫大海里漂浮的一只小船,没有一个稳定的生活环境。于是,我又重新审视自己的现状,规划自己的未来,最终决定要再次调进公办学校。之后,我开始留意公办学校招调的信息。当时进深圳公办学校有两种途径:一条是走绿色通道。原本以为我的省优秀教师称号能发挥作用，后来经过了解才知道，有省优秀教师以上称号的人多如牛毛，没有熟人引荐希望也非常渺茫；另一条途径就是考试。但那时深圳要求必须在公办学校代课满一年或两年以上才有考试资格，而代课教师的工资很低，我又不忍委屈自己，所以最后也放弃了。不过进公办学校的想法我并没有放弃。暑假的一天，我去图书室看书，无意间在《中国教育报》上看到了广州开发区招聘教师的消息，于是我把目光从深圳移开，来到了广州，由此从"悦读"走向了"悦心"的教育之旅。

纵观今天的教育现状，教育问题已成为中国当代突出的社会问题。我希望工作室成员也如我一样，在教育生涯中保持自己的初心，时刻不忘自己的梦想，不忘自己肩负的重任：让教育重回本真，让学校充满爱、温暖和活力，遵循孩子生命成长的规律和教育的规律，让孩子快乐成长，成为身心健康、人品贤善的阳光少年。

而梦想的种子能生根、发芽、开花、结果，源于一个简单的秘密，那就是微笑！

追梦

笑是两个人之间最短的距离。

——维克托·伯盖

微笑是一米阳光，给我们带来光明和希望

微笑是一把雨伞，把人生路上的风雨遮挡

微笑是一团烈火，融化满脸的冰霜

微笑，是人世间最美的语言

······

第二章 追 梦

——开发内心宝藏，牵手微笑教育

一、微笑教育在身边

最近十年，人们发现：身边涌现出了一种新的教育形态，叫作微笑教育；出现了一种清晰的文化样式，叫作微笑文化。

在南方很多学校，微笑教育的思想经常被提起。这种教育形态在很多学校都发展得非常好，教育实践已经相当成熟了。例如广州开发区第二小学教育集团、南宁市中兴小学教育集团、佛山市顺德区伦教培教小学、高州市镇江镇镇江中心学校、中山市黄圃镇培红小学、贵港市港北区建设小学等。

除了学校，在社区、交通行业、银行、医院、政务窗口等都能看到"微笑文化"的身影。广州市公交系统开展了三年的公交车"微笑服务"，公交车行驶过程中定时播放与微笑相关的语音宣传。尤其医疗康复领域广泛开展和流行的"微笑服务"，对解除患者痛苦、提升医护水平、缓解医患矛盾起到了重要作用。

社会各个领域开展了以"微笑文化"为内核的微笑教育、微笑服务、微笑活动。微笑不只是一种人类基础的表情，也是一种心理和精神现象的体现，被广泛研究、开发和运用在人们的生产生活中。微笑推动了经济社会的发展，改善了社会关系，提升了人类社会的文明水平。

古往今来，人类的微笑生成了多种文化符号，也产生了丰富的解读。作为一种特殊的人类文化现象，微笑既是表情符号，也是心理符号，更是智慧的密码。人类通过微笑行为对自己和周遭产生各种价值意义，形成了某种能量和势力。文学家、哲学家、心理学家、教育家、社会学家、经济学家和政治家等越来越多的人痴迷"微笑"这一人类的文化宝藏。

微笑，是人之所以为人的一个重要标志，是人区别于动物的显著活动；微笑，是人类的表情和文化符号，是社会文明的晴雨表；微笑，既反映民众的心理，体现群体的情绪和智慧，还是一个社会的生态表征。微笑源于人类精神文明，却对物质文明产生重大影响。研究和推广微笑文化活动对构建文明、和谐、幸福的社会有重要的价值意义。

联合国相关机构把每年的5月8日定为"世界微笑日"，这是人类唯一的一个心理和表情节日。微笑已经成为全球应对贫穷、疾病、饥饿、灾难和战争的精神良药，成为解决人类文明进程中复杂矛盾的"金钥匙"。越来越多的世界组织和机构积极推动微笑文化，应对当今复杂多变的社会形势。

我国是一个微笑文化源远流长，但微笑教育比较落后的国家。从自然表情到心理特征，再到气质表情、智慧表情，微笑文化的发展经历了漫长的时间。改革开放以来，市场经济成为工作中心，物质文明建设快速发展，我国成为世界第二大经济体。然而，我们的精神文明建设似乎未能与之相匹配，在物质财富、竞争和压力面前，民众的笑脸越来越少。

在这样的历史大背景和当前的现实情形下，微笑文化、微笑教育社会治理理念重新进入有识之士的视野，它的价值意义逐渐被政府和公共治理机构所重视。从策略上看，"微笑文化"要比"幸福生活"之类的治理理念更贴近民众，更具可操作性。

教育是社会的精神高地，学校对社会文明起着重要的引领和净化作用。创办于1997年的广州开发区第二小学（简称第二小学），地处开发区创业路上，这个区域是广州市对外开放、招商引资、鼓励创业的窗口和前沿。伴随着广州开发区改革开放与经济发展的步伐，第二小学人在这片30年前还是热带蕉林的土地上，深深扎根，探索育人之路。在这个区位背景下，要培养符合未来创新发展需求的人才，必须在乐观精神、抗挫折能力、创新能力、友爱互助、合作共赢等方面加大教育力度。

　　学校生源也多半来自这一地区创业经商的家庭，学生的父母面临的压力和挑战相对于老城区要大很多。家庭教育对"微笑文化"的需求和渴望不言而喻。微笑教育可以化解在这种家庭环境下成长的少年儿童出现心理和情感上的问题，培养乐观向上、自信友善、团结互助的学生，而这也成为家庭的渴望和要求。"微笑学生"或可成为欢乐家庭的幸福源泉。

　　因此，基于区域社会环境的要求和家庭对教育的诉求，2010年，我在第二小学全面开启微笑教育办学思想的探究，逐步深化及完善其理念体系。2015年，第二小学在雅居乐开办科学城小学（第二小学分校，简称科小），不到两年的办学时间，科小在社会上收获了良好的口碑，得到了家长的高度认可。这无疑得益于学校微笑教育办学思想的指导。

　　经过几年的不断探索，第二小学把微笑教育作为学校文化的核心和精髓，并依此精心设计与打造校园环境，彰显办学理念和办学特色，培育"微笑文化"特色课程和活动项目，为每一个学子创造了开发潜能的天地，达到了充分发展学生潜能的目的。如今微笑教育已形成较为完整、成熟的体系。

　　"迎着晨风，你微笑了吗？"校门口红色瓷砖、淡黄色的磨砂大理石上镌刻着的这句质朴的话语不正是第二小学微笑教育最直白的体现吗？

　　在三年的学习和研修中，工作室成员陆续对微笑教育的基本特征以及微笑教育的办学体系等进行了深入了解，每一个成员都获益良多。

二、微笑教育的基本特征

微笑不仅仅是人类的表情、愉悦心理的体现、友好的礼仪，还是一种更加复杂和丰富的文化现象。跨文化研究表明，微笑是世界各地通用的情感沟通手段，是人类共有的乐观的表情符号。作为人类活动的一种文化构建，微笑文化有着"自信、友善、欣赏、乐观、智慧"五大主要内涵。这五大内涵构成了微笑教育的基本功能。

微笑是一种人生态度，微笑是一种智慧。我常对朋友说，把脾气发出来叫本能，把脾气压回去叫本事。人人都有个性和脾气，我也有脾气，但是我更希望自己能包容和有智慧。面对挫折，就让我们一笑而过。芸芸众生，世俗纷扰，我们要做的就是，借鉴古人的智慧，始终微笑着面对。

微笑教育作为一种新的教育生态、教育形态、教育理念和教育模式，有其基本定义和显著特征。精准把握这些概念和特征对学习微笑教育的方式方法和理论，践行微笑教育理念，构建符合自身实际的办学特色，创建与之相适应的教学体系有着重要意义。

（一）微笑教育的概念阐释

1. 微笑教育的具象定义

教育者用微笑的文化精神和微笑的科学方法开展教育活动，从而促进学生的人格素养、心智情商、个性潜能发展，这样的特色教育系统就是微笑教育。

（1）策略：用"微笑"的文化精神和科学方法。

（2）过程：开展"微笑"教育活动。

（3）目的：促进师生成长和发展。

（4）要素：人格素养、心智情商、个性潜能。

（5）性质：特色教育系统。

2. 微笑教育的抽象定义

（1）微笑教育是一种特色教育。这是我们必须时刻牢记的，我们走的是特色发展之路，这是我们的选择。作为一种特色教育，它是常规教育的有效补充、定向提升和"基因重组"。比如，特色农业中的特色种植有嫁接和转基因，杂交的特色作物成长快、产量高、品质好。

那么微笑教育作为特色教育，它"特"在哪里呢？微笑教育就是挖掘人类微笑文化的精神财富，与常规学校教育进行"基因重组"，从而获得新的高效发展的特色办学模式。这种特色办学模式更加优质、高效，有针对性和长期发展的意义，能帮助全部的办学要素发挥最大效能，促进学校的快速发展。

（2）微笑教育是一种新的教育教学理念，更是一种教育科学，它有完整、独特的教育系统。

(二) 微笑教育的基本内容

1. 积极教育

微笑教育是乐观、阳光、正能量的积极教育，可以描述为自尊、自爱、自信、自强。积极教育就是自我管理、自主发展、克服困难、追求进步的教育。所谓自强教育就是学生的眼泪在眼眶里打转，我们却要教育他们在脸上洋溢着希望和坚毅的笑容。

微笑教育在管理上主张精神激励，摒弃惩罚性的旧思路，采用创新的激励、竞争、制约、评价的管理机制，力求将教师对学生的爱转变为满足学生合理要求的行为。我认为，创新评价机制是推进微笑教育的最佳策略，最能体现积极教育的特征。

2. 生命教育

微笑教育的起点和终点都是在关注生命，推动生命健康发展，引导学生珍爱生命、热爱生活，与自然和社会和谐共存。生命教育、生存教育、生活教育这样的"三生教育"思想就是微笑教育的基础。

所以，成长性是微笑教育的显著标志，微笑教育就是有生命力的教育。成长感、成就感和归属感是践行微笑教育的目的。微笑教育就是生命的礼赞！

3. 和谐教育

微笑教育包容个性化发展，尊重他人，通过平等合作达到和谐共处。和而不同、互相包容是微笑教育的形态，可以用"礼乐文化"来构建这种教育生态。礼，是礼仪，是准则、秩序，是统一；乐，是融合、和谐，是融洽的形态，是整体与个体的合作。这就要求在微笑教育中，既要照顾到个体发展，也要营造整体的和谐环境。因此，"平等与合作"是践行微笑教育时刻要遵循的准则。

和谐性体现了微笑教育的整体性原则，它表现为让每一个孩子都能快乐地成长，让每个孩子做好自己又能乐于助人。

4. 情感与心理教育

微笑教育是一种注重心灵沟通的教育，它源于心理健康教育，又远远超越了心理健康教育。微笑是学校教育的一种表情符号，也是学校文化的一种表情符号。微笑教育以学生为主体，注重培养学生良好的心理素质，关注学生的情绪，使其形成积极向上的品质，让学生在轻松自由的氛围中学会认识自我和外部世界，学会爱父母和朋友，并充分发挥自己的潜能。

从教师角度来看，微笑教育要求教师更新观念、调整心态，保持愉悦的心情去感染学生、激励学生，让学生在自信、激情的氛围中快乐成长。这就要求教师创建积极的评价机制，如现在流行的"点赞文化"。

践行微笑教育的前提是爱，爱学生、爱学校、爱教育事业。微笑教育的创新意义就在于教师释放爱，教会学生爱别人。

5. 真善美教育

微笑教育是关乎美的教育。真诚的微笑是追求真善美，去除假恶丑。微笑将人引向真诚、高尚、有教养、尚美的道德境界，是集真善美于一体的教育目标、教育态度和教育方法。正如高尔基所说，"乐观的笑"是可以荡涤灵魂的。

微笑教育是充满"诗意"的教育，让教师诗意地工作，让孩子诗意地成长，让校园充满诗意，让课堂散发诗意，让生命映射诗意。美育，为微笑教育提供了丰富的营养。

从2015年起，第二小学连续出版了《有一种教育叫微笑》（北京师范大学出版社）、《微笑教育生命礼赞》（东北师范大学出版社）等专著，全面总结了学校近十年来的微笑教育实践，成为我国微笑教育理论研究最为丰富的学校。《中国教育报》《人民教育》《新快报》《南方都市报》《广东教育》《中国教师》《中小学德育》《中学生报》及中国教育在线等主流媒体对学校的微笑教育成果进行了相应的宣传。

(三) "全国微笑教育联盟"诞生

相较于北方，微笑教育在我国南方的发展更加全面、深入和成熟。南方不但有一大批学校推行微笑教育，而且在系统性、成果化建设方面有很多建树，区域之间、校校之间的各种合作交流频繁。2017年底，十几所学校联手自发成立了教育合作组织"全国微笑教育联盟"。从此，南方的微笑教育开启了崭新的发展局面。

纵观全国微笑教育实践格局，我校是这一教育实践群体中的标杆。无论是在办学理念的系统性研究上，如微笑文化的创建，微笑课堂、微笑课程、微笑德育、微笑管理、微笑校园等教育实践活动的开展，还是在微笑教师、微笑学生、微笑家长等人本教育追求上，我校都在同类学校中有绝对的优势，甚至处于龙头地位。上海教科所杨四耕教授等专家高度肯定我校的微笑教育办学特色。我校已经成为"全国微笑教育联盟"的基地学校，每年都会有大量来自各地学习跟岗的教师队伍，我每年都要到各地去传授办学经验、指导教学。学校的"3F课堂"已经成为全国微笑教育的课堂标准。

三、微笑教育的重大意义

500多年来，人们一直对蒙娜丽莎神秘的微笑莫衷一是。不同的人在不同的时间去看，感受似乎都有不同。有时觉得画中女子的微笑让人觉得舒畅温柔，有时又让人觉得严肃，有时又让人觉得忧伤。

而在中国历史上，也有古代侠客"相逢一笑泯恩仇"的豪爽做派，更有白居易笔下杨贵妃的"回眸一笑百媚生，六宫粉黛无颜色"的千娇百媚。

无论是在中国历史上还是在外国历史上，微笑的力量都不同凡响。在现代社会，微笑的作用就朴实得多。微笑作为一个成本很低但又内涵丰富的表情文化，能使劳累者疲劳顿消，为失意者重燃希望，能慰藉悲伤者的心灵，是化解烦恼的一颗良药。人们容易被微笑吸引，是因为生活在竞争压力大的社会环境里，每个人看似练就了百般武艺，但每个人内心其实都十分脆弱，都渴望阳光，渴望微笑带来的鼓励。

（一）微笑需要教育吗？教育需要微笑吗？

先说一个真实的故事。

2014年，我校推行了两年的微笑教育特色办学，取得了显著成效，我校也成为当地很有影响力的特色学校。2015年，广州市开展全市义务教育阶段的"特色学校"评选活动，我校被推荐参评广州市特色学校。可是没想到最后竟然失败了，而其他表现一般的学校却有很多被评定为广州市特色学校。这是一件很奇怪的事情，不仅让学校师生很郁闷，当地区政府教育主管部门也很不理解，因为我校是当地学校文化和特色建设最成功、最扎实的典范。

后来打听到失败原因，竟然简单得不能再简单——"微笑还需要教育吗？"在那一年那一届的评委中，有一名评委质疑：微笑还需要教吗，谁还不会笑啊？这个能作为学校发展特色并作为学校文化来培育吗？

时至今日，我依然觉得那一届的评委对微笑教育理念是一无所知的，对学校特色文化的理解和督导认定也是欠缺的。

后来，广州智库教育研究院何池歆院长率领调研团队，介入了第二小学的文化建设咨询工作。经过近两年的调研、论证和完善，我校的微笑教育特色办学体系日渐成熟和品牌化。第二年，学校终于通过了广州市义务教育阶段特色学校的评审认定。其实在这之前，学校就已经是全国特色品牌学校了。

中国教育者对微笑教育的认知十分有限，甚至有不少教育专业人士从主观上对微笑教育产生怀疑——微笑还需要教育吗？是的，微笑作为人类的一种本能，很多时候不需要引导和激发就能自然流露。从这个意义上说，微笑是不需要教育的，微笑也无须上升到教育层面来研究开发。

事实上，随着这些年经济的发展、物质财富的极大丰富、物质文明的极大提升，精神文明建设反倒落后了。灾难、贫富差距、城乡差距、地域差距、人口老龄化、民生问题、教育公平……一系列问题困扰着人们。改革开放以后，在市场经济背景下，人们越来越感到生存和生活的巨大压力，生命质量并没有随着物质财富的提升而得到提升，人们的幸福指数在谷底徘徊。其主要原因正是精神文明没有跟上物质文明的发展，人们不会笑、不想笑成为显著的社会现象。

随着改革开放进入深水区，物质文明达到了前所未有的高度，中国成为世界第二大经济体。城乡二元化差异、地域差异和城镇化建设推动了人口流动。人口流动、外出务工又产生了留守儿童和孤独老人，这成为近些年来突出的社会问题。处在当前这个社会转型期，推动微笑教育实践对培养高素质公民、改善社会意识形态、推动精神文明建设有重大的现实意义。

这些年，家校矛盾、学校和社会矛盾比较突出。家长经常"拉脸色"给学校看，不理解学校，个别教师也没有全面考虑家长的困难，家校合作方面还有很大的提升空间。而微笑教育对调和家校关系起到了重要作用。在微笑教育理念基础上创建家委会、家长学校，可以促使家校共育成为教育公共治理的重要组成部分。

在这样的大背景下，微笑教育作为一种积极教育，其自身魅力大放异彩，对教育生态的优化和提升教育品质有重大的调适作用和现实意义。微笑，必须成为教育的表情；微笑，也必须成为教育的营养。

改变教育生态，让我们从微笑开始；促进社会和谐进步，让我们从微笑开始。

微笑，作为学校的教育表情和文化表情，究竟意义何在呢？泰戈尔在《飞鸟集》中《原来我们彼此深爱》一诗这样写道："当人微笑时，世界爱了他；当他大笑时，世界便怕了他。"雨果说："生活就是面对现实微笑，就是越过障碍注视未来。"

学校践行微笑教育理念，开设微笑教育课程，让学生学会微笑，释放真诚、善念、友好，这些都非常有教育价值。学校培养乐观向上、自信友善、团结互助的学生，让学生充满自信，用乐观的心态面对困难和挑战，用智慧和情商提升人生品质。让学生用阳光心态、合作精神参与社会建设，营造民主、平等、明礼、和谐的氛围。微笑能改善师生关系、教学关系、家校关系，能把很多教育矛盾消灭在萌芽状态。

实行微笑教育的学校都形成了独具特色的校风、教风、学风，师生精神面貌焕然一新。学校真正成为文化传播的殿堂、生命成长的乐园。

让中国人重拾微笑，首先从学校做起。教育如何改革？答案是设立微笑教育课程，引导学生养成真诚微笑的习惯。德育工作从生活细节、人情世故教起，摒弃高大空的德育课程，让学生返璞归真，或许若干年后，我们会看到一个充满天然微笑的社会。所以，微笑教育承担着非常重要的使命。

那么，要如何践行微笑教育理念呢？我认为最重要的还是在于教师团队的素养。我校可谓实行微笑教育最早的几所学校之一了。所谓的微笑教育就是教师以积极向上的人格魅力和教育艺术感染学生，用发自内心的爱去滋润学生，激发学生的学习欲望，使他们在充满爱的激励中经常保持满足、快乐、积极、稳定的情绪，帮助他们找到自尊、增强自信。

道理人人都懂，但能把这样的教育思想和策略真正"外化于行，内化于心"就不容易了。困难主要来自教师对工作的幸福感不强，还有教师的职业尊严难以得到维护，社会与家长的期望和要求越来越高，工作任务烦琐等。社会对教育越来越重视，但教师对工作却越来越难感到"幸福"。教师也是普通人，在面对众多莫名其妙的委屈与郁闷时，还要每天以积极乐观的状态示人，这样的"伪微笑"是不能体现微笑教育的真实意义的。

所以，在实行微笑教育之前，我们首先要解决的是教师的心理需求问题，通过心理咨询与疏导让教师重新在岗位上捕获幸福感。学校可以组织教师学习相关心理知识，学会用微笑面对压力，用微笑感染学生，用微笑拉近师生之间的心理距离。

（二）孩子一生受用的品质：学会微笑

微笑是美丽的表情，是世界上最动听的语言。没有什么东西能比一个微笑更能打动人的了。在世界美术史的殿堂里，名留史册的画家成百上千，传之后世的作品琳琅满目，但是堪称画坛巨人的却屈指可数，具有划时代意义的名作更是凤毛麟角。而在法国卢佛尔博物馆里却陈列着一幅具有永恒魅力的作品，这就是达·芬奇的代表作《蒙娜丽莎》。蒙娜丽莎以其含蓄迷人的微笑，把人类的美升华到了一种光照寰宇的境界。

可见，微笑是人类面孔上最动人的一种表情，是社会生活中美好而无声的语言。它来源于心地的善良、宽容和无私，表现的是一种坦荡和大度。微笑是成功者的自信，是失败者的坚强；微笑是人际关系的黏合剂，也是化敌为友的一剂良方；微笑是对别人的尊重，也是对爱心和诚心的一种礼赞。

微笑具有神奇的魔力，能够化解人与人之间的坚冰；微笑是人们身心健康和家庭幸福的标志。微笑是向他人发射出的理解、宽容、信任的信号。微笑是交际活动中最富有吸引力、最有价值的面部表情。古希腊哲学家苏格拉底曾说，除了阳光、空气、水分和微笑，我们还需要什么呢？显然，在这位大师的眼里，微笑同生活中的阳光、空气、水分一样重要。生活是一面镜子，你对着它笑，它也对着你笑。

同样，微笑对孩子来说也是十分重要的。一个微笑面对生活的孩子，总是乐观自信、积极进取的。从小喜欢微笑的孩子，长大以后必然会用微笑的态度对待生活，成为在社会上备受欢迎的人。教育学家多罗茜·洛·诺尔特曾说："如果一个孩子生活在批评之中，他就学会了谴责；如果一个孩子生活在敌意之中，他就学会了争斗……如果一个孩子生活在鼓励之中，他就学会了自信……"如果一个孩子生活在微笑之中，他自然也就学会了微笑。当孩子学会了微笑，他也就懂得了生活的意义。

微笑来自爱心，来自真诚，我们的生活中不能没有微笑。当家长懂得了微笑的重要性后，还必须认真学习微笑，正确使用微笑，把微笑作为一种能力来培养孩子。所以，家长从现在开始要多微笑，用微笑待孩子，并且教孩子学会微笑，以此来培养孩子健康的心理和健全人格。

1. 对孩子多报以微笑

孩子们需要微笑。他们心地单纯，就像晶莹剔透的美玉。他们喜欢笑，也希望周围的人对他们报以微笑。在他们的世界里，微笑就是阳光和雨露，是人成长中不可或缺的营养。

微笑可以消除亲子间的争执、冲突、愤怒，拉近父母和孩子之间的距离，使亲子关系更融洽。你的孩子能够从你的微笑中感受到你的真诚和鼓励，其效果比单纯的语言要好得多。所以面对孩子时，无论你再怎样疲劳和困苦，都要展开你真诚的笑容。

总之，父母要创造一个微笑的环境，包含鼓励、认同、友善和引导，如此才会让孩子展现最灿烂的笑容！

2. 教孩子用微笑面对生活

百货店里，有个穷苦的妇人带着一个约4岁的男孩在转悠。他们走到一架快速照相机旁，孩子拉着妈妈的手说："妈妈，让我照一张相吧。"妈妈弯下腰，把孩子额前的头发拢在一边，很慈祥地说："不要照了，你的衣服太旧了。"孩子沉默了片刻，抬起头来说："可是，妈妈，我仍然会面带微笑的。"

相信每个读过这个故事的人，都会被小男孩所感动。不要抱怨生活中太多的磨难，不必抱怨生命中太多的挫折，我们要教会孩子用微笑面对生活，用微笑寻找一个坚韧的支点，而我们的孩子也能像故事中的小男孩一样在生活的照相机前，虽然穿着旧的衣服，一无所有，但会坦然并从容地微笑。我们不要让孩子吝啬他们的微笑，要让孩子用微笑去面对生活赋予的一切。

3. 让孩子学会对陌生人微笑

在生活中，我们时时都在面对陌生人，对陌生人微笑是最动人的语言，是最真诚的问候。当我们对陌生人微笑的时候，不仅把温暖带给了别人，也将快乐留给了自己。

著名作家三毛生前一直念念不忘一个细节：在美国的公园里，一个大男孩突然在她面前站住，友好地对她一笑，然后就跑开了，过一会儿又跑回来，还是带着那种率真的笑，并轻轻拍打三毛的脸，然后给三毛一棵平凡而美丽的青草……这一切是多么浪漫而温馨。

现代人生活节奏快，往往省略了细节，但细节往往是从微笑开始的。都市人的冷漠面孔只能给自己带来更多的寂寞和孤独，所以，家长要教会孩子对陌生人微笑，让其感受到他们的真诚和善意，因为大家共同生活在这个世界上！

四、微笑教育的办学体系

微笑教育作为一种特色教育形态，既是对常规教育的"基因重组"，也是对其内部质量的提升。学校要用微笑的精神办学，用微笑的精神教书育人，用微笑教育的精神培养人。

微笑教育既是办学理念，又是办学系统。要办一所具有微笑教育的特色学校，用微笑精神办学，就要有一套完整、科学的办学体系，将微笑教育的思想落地，优化自身的办学资源，提升办学实力。我校微笑教育通用的办学体系让每一个学员受益良多。

（一）微笑教育的理念系统

微笑教育是教育者用微笑的文化精神和科学方法开展教育活动，从而促进师生的人格素养形成、心智情商提高、个性潜能发挥的特色教育系统。这个定义分别从教育策略、教育过程、教育目的、教育要素、教育性质等五个维度，全面描述了微笑教育的基本概念。校长可以依据这五个维度，结合学校实际情况，灵活构建符合自身发展的微笑教育实施系统。一般来说，微笑教育理念系统的通用模式如下。

1. 办学理念：微笑教育，绽放微笑

"微笑教育，绽放微笑"是一个通用的办学理念模式，其中，微笑教育是礼化，绽放微笑是乐化，涵盖了"礼乐教化"的微笑文化基因。

一所学校的办学理念，其实是某种教育思想、教育哲学在学校发展中经过实践后形成的综合观点，是付诸实践的教育观。这些教育观将统领学校办学的一切资源和一切活动。

因此，推进实践微笑教育思想，就要实践微笑教育的内涵。微笑教育可以为学生的人生奠基，可以为学生的可持续发展服务，面向全体学生，关注每名学生的发展。我们不仅要让微笑洋溢在学生的脸上，更要让微笑教育走进学生的心灵，融入学生的身体，使他们绽放生命的精

彩，在品德、学识、体格、才艺、劳动、心灵六个方面不断成长与进步。

因此，只要遵循微笑教育的基本原理和基本内涵，我们设计制定的办学理念都是可行的。我们可以用既符合校情，又符合微笑教育基本原理的词句来替代"微笑教育，绽放微笑"，并将其作为自己的办学理念。比如，有的学校制定的办学理念是"微笑教育，生命礼赞"，侧重生命健康成长；有的学校的办学理念是"微笑教育，成就微笑人生"，侧重培养和树立学生正确的人生观。

2. 办学目标：微笑教育标杆学校

学校的办学目标是教育理想、办学愿景、规划目标的综合体现，是一所学校比较长远的努力方向，短则20年，长则几十年甚至上百年。鉴于在信息化时代社会的变迁加速，我们平时常见的办学目标一般是指几十年以内的愿景和奋斗目标。

微笑教育理念统领下的办学目标，要以微笑教育为引领，走内涵发展之路，把学校办成一所环境幽雅、师生美雅、校风和雅、特色鲜明、社会认可的品牌学校，让身边的人明显感知到微笑教育的特征，并且有一定的影响力。5年内在当地具备影响力，10年内在全省具备影响力，10年后在全国具备影响力。总之，学校要有微笑教育的标杆示范作用，成为微笑教育的品牌学校。

"今天，你微笑了吗？"是魏书生在第二小学校门口书写的微笑主题词。

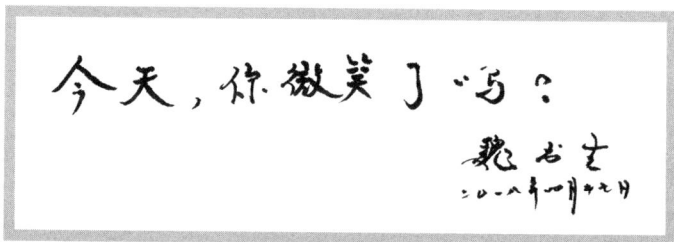

魏书生题词

3. 育人目标：微笑少年（"金的人格"）

办学理念和办学目标决定了"办什么样的学校"，而育人目标决定了"培养什么样的人"。

微笑教育理念下学校要培养什么样的人呢？我认为，学校应该以微笑教育为指引，从品德、学识、体格、才艺、劳动、心灵六个方面着手，培养绽放生命微笑的优秀少年。第二小学提出了"品性善良（品德）、聪慧好学（学识）、活力飞扬（体格）、才艺多元（才艺）、快乐劳动（劳动）、阳光自信（心灵）"的微笑少年培养目标。

研究表明，"微笑少年"是微笑教育的通用育人目标，可以用"金的人格"来描述。"金的人格"是我国著名教育家黄炎培先生提出来的。他提出的"金的人格"主要是以"正气、志气、豪气、骨气和义气"为培养框架，具体是指爱国爱民的正气、勤学成长的志气、自立自强的豪气、自尊自律的骨气、诚信乐群的义气。

黄炎培职业教育思想的核心是要全面提高全民的职业素质，培养"知识要切实，技能要精熟，人格要完整"的人。他的人格教育思想继承和发扬了中华民族的传统美德，内涵丰富，小到个人修身养性，大到国家民族利益，涵盖了正确的世界观、人生观、价值观等内容。

"金的人格"，与君子的完美人格体系一脉相承，是培养现代少年君子的重要理论。"金的人格"代表一个人的品行、心灵和人格像金子般纯正、纯洁、坚毅、珍贵，完全符合微笑教育通用的育人目标。各学校可以根据自身情况，全面引进，精准定位，重新完善和提高。

总之，微笑教育理念下的育人目标，要更关注学生的人格、心灵等方面的健康发展和成长。

（二）微笑教育的精神文化系统

在教育领域，文化的力量正成为推动教育进步与发展的动力。

"只有优秀的学校文化才能孕育出优秀的学校教育"，这一观点已得到全社会的广泛认同，而学校文化力的构建也日益成为学校核心竞争力的重要组成部分。

精神文化是文化层次理论结构的要素之一，所谓文化层次理论结构包括精神文化、物质文化、制度文化、行为文化等。精神文化是人的精神食粮，孕育人的精神家园，决定人的精神状态、精神生活、精神实质，是人的本质属性的体现。具体来说，精神文化包括价值观念、道德规范、审美情趣、心理素质、精神面貌、行为准则、理想人格等。精神文化是一所学校的整体精神面貌，是学校群体在长期的教育实践中积淀起来的共同的理念、价值体系、群体心理特征等。这种精神体系是学校办学传统、办学经验与办学理想的文化积淀，是全体师生认同的群体意识，是学校的一种"教育场"，是学校的"精、气、神"。它赋予学校特有的个性魅力，构成学校文化的内核，决定学校的校风、教风和学风。

微笑教育的精神文化系统是以"微笑文化"为内核、价值取向和行为准则的文化系统。精神文化系统包括校训、校风、教风、学风（俗称"一训三风"）四大部分。

1. 校训：与"自信、智慧、善美"关联

校训是师生共同遵守的道德规范、行为准则，是办学理念、办学目标的文化体现，是一所学校教风、学风、校风的凝练概括，是学校文化精神的核心。校训作为一个标尺，激励、劝勉和熏陶着在校师生，即使师生离开学校也会将校训铭记在心，校训也相当于学校的"座右铭"。同时，校训是面向社会展示学校文化标志的符号，能为学校起到宣传的作用。

同样，微笑教育理念下的校训要体现微笑文化精神，抓住"自信、智慧、善美"三个内涵，突出学生在快乐中求知，在行动中感受快乐，在品德、学识、体格、才艺、劳动、心灵等方面日益进步、日臻完善，在可持续发展中做更好的自己。

2. 校风：与"优美、赞美、乐美"关联

校风是学校师生共同具有的思想、行为、作风，是在共同目标和共

同认识的基础上，经过集体的长期努力所形成的行为风气。校风是学校所特有的、占主导地位的行为习惯、群体风尚，体现为一种独特的心理环境，稳定而具有导向性。

校风是无形的"管理者"，是一种来自集体内部的精神力量。校风一旦形成便有一种稳定性和持久性，以它所特有的方式对人产生广泛而又深刻的影响，使人能从校风中受到陶冶和启迪，甚至终身受益。

微笑教育理念下的校风要体现微笑文化精神，围绕校园环境文化、教师精神面貌、学生精神面貌进行提炼和总结，挖掘"优美、赞美、乐美"等文化元素的内涵。在这种校风的影响下，师生怀着乐观的心态，积极向上，绽放属于每个人的精彩。

3. 教风：与"善美、赏识、智慧"关联

教风是教育者在教学精神、教学态度和教学方法等方面长期形成的稳定的教育教学风气和特色，是教育群体德与才的统一表现，是教师队伍在道德、才学、作风、素养、治教等方面的集中反映。

从某种意义上讲，好的教风也是学校的精神旗帜，对学生起到熏陶、激励的作用。教风好，可以提高学校的知名度，可以提高学校的社会声誉和社会可信度。因此，教风可以说是一个学校生存和持续发展的不竭动力之源。

微笑教育理念下的教风必须体现微笑文化精神，抓住"善美、赏识、智慧"核心内涵进行挖掘，结合学校自身特点构建校风系统。通俗地说，微笑不仅要写在教师的脸上，还要贯之于行动中，成为一种从业习惯。教师只有用心、用情，在工作中思变求新、乐于教学、善于引导，激发孩子的兴趣和潜能，其教育教学才能生动、鲜活起来，从而形成自身独有的教学风气。

4. 学风：与"自信、快乐、趣味"关联

学风有广义和狭义之分，本文的学风指的是学生的学习环境特色、学习风气、学习状态、学习智慧，以及长期形成的学生的精神面貌。学

风与教风一样都是校风的重要组成部分，并反作用于教风。有什么样的教风就会有什么样的学风，而学风反过来也会推动教风的建设与提高。

微笑教育理念下的学风建设要体现微笑文化精神，抓住"自信、快乐、趣味"等内涵，重在培养学生掌握学习的方法与技巧，让其善于思考，能体会到畅游知识海洋的乐趣。微笑教育理念下学风的核心是要让学生快乐学习，在学习中收获快乐，善于探究与合作，促进学生快乐成长，走好人生的起步阶段。

5. 微笑教育的"一训三风"示例解说

微笑教育理念统领下的校训、校风、教风、学风全部都要遵循微笑文化内涵和微笑教育的基本原理，让微笑教育的办学理念通过"一训三风"渗透到整个教育教学的全过程，产生高效有特色的办学成果。总的来说，创建微笑教育理念下的"一训三风"系统，要紧紧抓住"自信、快乐、智慧、趣味、善美、赞赏"等文化内涵。这里展示一所乡镇小学的"一训三风"系统案例：

广州开发区第二小学微笑教育理念下的"一训三风"

校训：今天你微笑了吗？

校风：优美校园，微笑芬芳

教风：雅美教师，微笑欣赏

学风：乐美学子，微笑成长

这个"一训三风"设计通俗易懂，简洁明了，紧扣微笑文化精神，师生认同度比较高，人人记得住，人人都会说。

校训：今天你微笑了吗？在校园里，微笑是促进师生关系的有效手段，是温润的教育艺术，是培养优雅品格的最佳方法。教师和学生每天带着微笑进入校园，带着微笑走向社会，从而大大改善了学校风气，也促进了社会和谐。"今天你微笑了吗？"是世界微笑日的主题词。1948

年，世界精神卫生组织将国际红十字会创始人杜南的生日（5月8日）定为世界微笑日，旨在倡导人们让绷紧的脸庞舒缓，让微笑在脸上绽放。微笑能促进人类身心健康，传递愉悦与友善。

校风：优美校园，微笑芬芳。芬芳是清新宜人的气味，一指花香，二指草木茂盛的样子，三指美好的德行。芬芳是春华秋实，是生命活跃的状态，符合少年无忧无虑的成长状态。芬芳是有教养的品行，优雅高贵的人具备这样的品质。优美是校风的物化表达，芬芳是校风的精神表达。

学校的校园建设处处透露微笑教育的办学方针。利用有限的空间将教学楼大厅、楼梯间改造成"微笑书吧"，营造一种书香校园的氛围，让学生沉浸书海、畅享书香；将环廊、走廊改造成学生作品展示区，每一处细节都显示出学校尊重学生主体，促进学生全面发展，力求学生能够张扬自己的个性。

教风：雅美教师、微笑欣赏。教师能在教育教学中展示优雅美好的姿态，把微笑的智慧和美带给学生，带给学校。前者是师德，后者是教学艺术。雅美的含义是，微笑不仅是写在脸上的表情符号，也要贯之于行动中，成为一种习惯。教师用心、用情，思变求新，乐于教学、善于引导和激发孩子的兴趣和潜能，其课堂才能生动、活跃起来。

学风：乐美学子，微笑成长。学风包括以下四方面含义：第一是乐于学习、充满朝气；第二是在学习中审美、爱美、求美；第三是营造合作探究、团结友爱、纯洁真诚的学习氛围；第四是勤奋学习，追求真知。这四点从外在形态和行为到内在的心灵品行都有囊括，体现了少儿的成长性。这样的群体风尚和精神面貌是美好、积极的教育，是理想的学习风气。

微笑文化精神和审美意识始终贯穿这个案例的"一训三风"。校训是名言，通俗易懂，易于被人们接受；校风侧重校园环境优美、芬芳；教风侧重教师之优雅和教法之赏识；学风侧重学生纯真快乐，强调学生快乐健康成长。

(三) 微笑教育的课程文化系统

学校课程文化是指按照一定的教育哲学和办学理念指引形成的一种课程观念和课程活动形态。课程文化是学校文化的重要组成部分,是学校课程体系建设的目标,是学校育人的重要载体。课程文化是提升学校文化自信、提高课程品质、提升办学水平的重要途径。核心素养、微笑教育办学理念和育人目标是微笑课程文化建构的重要依据,是微笑课程观的重要内容,决定微笑课程的设置。

践行教育理想的土壤是文化,践行微笑教育的理想是微笑文化。培育微笑文化靠特色课程和活动项目,其中特色课程是营造和生成微笑文化的主阵地,是开展微笑教育的主阵地。所以,校本文化是特色办学的核心工程,最能体现学校特色。换句话说,看一个学校的微笑教育特色办学模式,主要看校本化程度和其质量水平。

在微笑文化元素以及微笑教育内涵中,哪些适合开发特色课程、哪些适合做活动项目,这是需要在实践中探索研究的。各地各校要针对自身的课程资源进行开发,常见的微笑校本课程有生命课程、礼仪课程、自信课程等。

1. 生命课程

(1) 课程理念:用生命温暖生命,绽放生命的微笑。

(2) 教学目的:

① 引导学生认识生命的发生现象和发展规律,树立科学的生命观。

② 帮助学生掌握生存技能,形成珍爱生命、保护生命的意识。

③ 帮助学生建立生命与自我、他人、社会和自然的和谐关系,形成健康安全、积极向上、快乐有尊严的生活态度。

④ 引导学生感悟人生的价值和意义,追求人生理想。

(3) 具体要求:

① 认知与技能方面。认识了解生命的特征和规律,认识生命的可

贵，掌握爱惜自己和他人生命的方法，掌握有关生命安全、生命干预的技能，明白群己关系以及社会公德的重要性，熟悉与他人相处的法则。认识自己对人类的意义，掌握生态保护的知识技能。

② 情感、态度、价值观方面。不断进行生命的自我体验和省思，欣赏和热爱自己和他人的生命，珍惜生命的存在，向往生命的美好，体悟生命的意义，并且把对生命的关爱惠及自然、民族和国家，具有人类情怀和正义感。

③ 行动与表现方面。积极乐观地生活，与他人健康交往，勇敢面对挫折和困难，不伤害自己和他人，尊重所有生命的多样性和生存权利。能够在人与人、人与社会的和谐中正确规范自己的行为和活动。

（4）主要内容：

① 健康教育、安全教育、心理健康教育、性健康教育、环境教育、防艾防毒教育、生命价值教育、死亡教育。

② 了解生命的诞生、成长发育的特点，树立正确的生命观；掌握健康安全生活的常识和技能；养成健康的生活习惯和良好的学习习惯；学会尊重、交往、合作，形成积极乐观、开朗的性格。

（5）注意事项：课程设计重心要低、形式要灵活、内容要真实，涵盖知识认知、技能训练和情感体验。

2. 礼仪课程

礼仪课程落实"礼乐教化"系统中的"立于礼"，开发与各年级段学生成长相对应的礼仪教育课程，分类上进一步优化、细分。礼仪课程分类如下。

校园常规礼仪：课堂礼仪、少先队礼、活动礼仪、师生礼仪。

社会交往礼仪：家庭礼仪、社交礼仪、交友礼仪、场合礼仪。

生活行为礼仪：穿着仪表、言行举止、餐桌礼仪……

庆典活动礼仪：启蒙礼、成人礼、开学礼、散学礼、毕业典礼、校庆礼仪、升旗礼仪。

3. 自信课程

微笑教育最具有价值意义的就是通过微笑文化培养和树立中小学生的自信心。因此，开设自信课程是微笑课程文化的重要内容，各校要加大对相关校本课程的研发，把心理健康课程聚焦到以培养学生的自信心和抗挫折能力上来。课程以活动体验为主，以通识课程教学为辅。

微笑教育课程要密切关注当前教育教学中存在的一些主流问题，并设计课程加以解决。例如，在应试教育大背景下，学校教育教学以分数为评优标准，让大多数学生成为失败者，导致学生自信心丧失。表现在家庭教育上主要是教育方式粗暴，家长嘴边常挂着"别人家的孩子"这个口头禅，严重打击孩子的自信心，使其怀疑自己的能力。

自信课程的主要策略有：尊重小学生的人格，不讽刺挖苦学生；相信学生，赞美学生；为学生创设表现自己的机会，运用鼓励性评价帮助学生建立自信，让他们从成功中树立自信心。

自信课程的创建要遵循以下几个原则：平等原则、差异原则、激励原则、主体性原则、创造性原则、多元评价原则。

4. 特色课程

随着新课改的不断推进，学校的课程建设也在不断深化和提升。在课程建设中，第二小学教育集团紧紧围绕办学理念和开放式教育的文化特色，厘清建设思路，即以学校育人目标为宗旨，以发展学生的核心素养为目的，课程结构化与系统化相交融，课程多样化与层次性要兼顾，分类与分层、有序与流动相结合，培育优势学科，发展特色课程。

集团整合学校优势资源，通过课程顶层设计、课程规划引领等举措推进国家课程校本化实施，构建开放多元、富有特色的微笑课程体系。学校课程设置以微笑教育为指引，从品德、学识、体格、才艺、劳动、心灵六个方面着手，聚焦核心素养，将各类课程有机整合，构成SMILE课程，即润物细无声的自我与社会S课程、启迪智慧的科学与探索精神M课程、丰富心灵的艺术与审美I课程、感知生命的语言与交往L课程、强身健体的运动与健康E课程。此外，学校以SMILE课程为指导，设计"1+X"学科课程群，建设了"悦心语文""悦智数学""缤纷英语""悦雅音乐""七彩美术""乐动体育""趣味科学"7个学科课程群，致力于培养学生兴趣爱好，促进学生个性发展。

在深化德育课程建设方面，学校始终落实立德树人根本任务，开发了"感恩"系列校本课程、家长大讲堂、国旗下的红色剧、特色研学、班级文化建设等德育课程，突出政治启蒙和价值观塑造，致力于培养德智体美全面发展的社会主义事业建设者和接班人。此外，学校德育处利用假期开展"走出去"研学课程，使学生在玩中学、学中乐、乐中悟。低年级学生在"乐乐寻访井冈山，小小红军成长记"亲子研学中，身临其境地体验红军革命历程，感受红色革命文化；中高年级在"畅游知识海洋，探索海岛文化"研学课程中，学会观察、探究、接纳与合作。

除了开展丰富多彩的课程之外，集团还加强作业管理，优化各类作业设计，切实推动落实"双减"政策，建立作业管理和公示制度等，严格规范作业布置、批改、检查、反馈等环节。根据各学科特点，学校将整齐划一的学科作业变换为分层、进阶型的弹性作业，取消以往的书面作业，精心设计了综合实践作业，将所学知识与社会实践相结合，如开展"传承红色基因，感悟革命精神"综合实践活动。学生在校外辅导员的带领下，以"走""读"的方式触摸千年羊城的文化脉搏。

为提升课后服务水平，让学生安心、家长放心，集团优化课后服务设计，融入"5+2"时长理念，推行5天全覆盖、每天放学后不少于2小时的课后服务模式。学校采用"1+1+1"课程设置，为学生和家长提供自选式的课后服务套餐，包含提升体质健康的30分钟体能大课间、校内教师看管的普惠基本托管课程、由专业的第三方教育机构提供的个性化课程。学校课后服务延续前期办学积淀的艺术、体育、科技等拓展类和特色类课程成果，每学期开设近50门兴趣课，课程内容丰富，如民乐校队、语言艺术精英班、校合唱队、羽毛球校队、田径校队、武术校队等。各校队从低年段开始选拔，形成梯度培养，着力挖掘学生潜能，培养学生兴趣爱好。

(四) 微笑教育的课堂文化系统

国家课程以及地方课程怎么践行微笑教育理念呢？国家课程的校本化到底指什么？为了学校、基于学校、在学校里是国家课程校本化的原则。明白这一点，我们就容易掌握微笑教育发展理念下的国家和地方课程校本化。同时，对国家课程，我们主张在课堂教学改革中去践行微笑教育理念。

对国本实行课堂教学改革，构建"微笑课堂"模式；对校本实行特色课程改革，构建"微笑课程"。用这两种方法巧妙解决国本、地本、校本三级课程管理难题，构建具有本校特色的"2355""微笑课堂"模式。"2"，即两个为主：课堂以学生为主，以潜能生为主。"3"，即"3F课堂"：鱼（FISH），让学生学到知识，掌握技能；渔（FISHING），让学生掌握学习方法；愉（FUNNY），让学生在轻松愉快的课堂中快乐学习。第一个"5"，即5种教学策略："微笑导学""微笑示学""微笑活学""微笑研学""微笑赏学"。第二个"5"，即5个环节，每个科目在课堂教学步骤上根据科目特点形成5个教学环节，让学生学得愉悦而高效。

有专家评价，关于"微笑课堂"的教学改革，很多推行微笑教育的学校都有探索实践，成果丰硕。其中，我校创建的"3F课堂"最具微笑课堂特征，堪称微笑课堂范本。学校的"3F课堂"是践行微笑课堂的精准有效模式，具有科学性、先进性和创新性，是对我国微笑教育的重要贡献。

微笑课堂：标准化特色（3F课堂）

FISH|鱼   FISHING|渔   FUNNY|愉

知之   好之   乐之

广州开发区第二小学的"3F课堂"，成为微笑课堂的标准模式之一。

1. 课堂教学理念

教给知识，留下微笑。"微笑课堂"，即课堂教学应站在学生的立场上，展现课堂教学的亲切、淳朴、趣味和实效，焕发"微笑课堂"的魅力。

2. 工作目标

（1）构建"微笑课堂"教学模式。

（2）以质量提升为追求，探索"微笑课堂"有效教学体系。

（3）活跃课堂气氛，拉近师生间距离，使学生养成乐观向上的心态，营造融洽的人际关系，引导学生学会学习，提高学生的学习效率。

3. 教学模式

"3F课堂"教学模式包含三个内核、三个步骤、三个环节：

FISH（鱼）→ FISHING（渔）→ FUNNY（愉）

在教学过程中，教师坚持以生为本，通过发挥自己的主导作用，引导学生在宽松和谐的气氛中轻松愉快地学习思考，从而获取知识，掌握技能，得到"鱼"；在互动交流的学习情境中掌握学习的方法，收获"渔"；学生在轻松、和谐的课堂环境中快乐学习，感到"愉"。

4. 教学要领

以学生为主体，教师为主导，创设情境，培养情感，师生互动，生生互动，以情促智，情智互促，提高学生各项素质。

5. 教学结构

创设情境 → 激发情绪 → 培养情感（情感过程）

学生为本→教师主导→师生互动→情智互促→提高素质

感知教材 → 开拓思维 → 知识内化（认识过程）

6. 基本特征

（1）主导性与调控性。

（2）情景性与激情性。

（3）民主性与宽容性。

（4）参与性与示范性。

（5）合作性与艺术性。

7. 基本策略

微笑导学 → 微笑示学 → 微笑活学 → 微笑研学 → 微笑赏学

8. 基本要求

教师带着爱意、微笑、激情进课堂：

（1）要有一颗包容的心。

（2）爱每一个学生。

（3）保持亲和力。

（4）赏识你的学生。

（5）牢记爱的力量是无穷的。

（6）让学生在幽默和笑声中学习。

（7）学会倾听学生的心声。

（8）尽量多给学生发言的机会，要让你的眼睛会说话。

（9）恰当地使用肢体语言。

（10）身教重于言教。

（11）把握好课堂提问的时机。

（12）努力实现有效教学。

（13）走下讲台，到学生中去。

9. 课堂程序及细则

在教学过程中，教师要依据学生的兴趣、愿望、要求、心理特点、内心活动、已有知识、经验和能力等，巧妙设计和采用最适用的教学方法，适时导出操作程序。

（1）教师一进课堂就应仪表良好，微笑面对全体学生，令学生心情舒畅，让学生感到教师平易近人，学生学习热情倍增，活力四射。

（2）课堂上看到厌学的学生，教师更应面带微笑，显出友善的态度，适时调整操作程序，让这些学生深切体会班级犹如一个大家庭，学生愿意听课，再也不怕读书学习。

（3）课堂上，教师应不管学生表现好坏、成绩优劣、长相美丑都要以诚相待，尊重、体贴学生，让学生心悦诚服，感到教师的亲切。教师不在他人面前为难戏弄、恶语中伤学生，更不会讽刺挖苦打击、体罚学生，要循循善诱，把学生引向正路。

（4）教师讲课面带微笑，语言幽默有趣。教师要把课堂当作师生交流思想感情、启迪智慧灵感的其乐融融的"教学场"，使每堂课都有学生甜蜜的笑声，让学生感到听课就是美的享受。

（5）课堂中难免会有怀疑、胆怯、有误、违纪的学生，教师也应以平和的心态，面露微笑，对他们充满期待与宽容，让他们懂得，在这样充满期待与宽容的爱笑的老师面前，永远都没有愚蠢笨拙的学生。

（6）课堂上有见解独特、标新立异、才华横溢的学生，教师应以欣赏的笑给予学生充分的肯定与激励。在这样的教师面前，学生的实践能力得以提高，创新精神得以激发。

（7）教师在"微笑课堂"中要面露微笑、动情于心、寓教于乐，才能提高课堂教学质量。

（8）教师的语言要做到饱含深情、准确得体、生动丰富、激励引导、机智巧妙、诙谐幽默、独特创新。

10. 具体措施

教育是为了学生的发展，因此教育者要站在学生的立场，不断深化"让每个孩子都健康快乐成长"的观念，逐步创建自然、和谐的"微笑课堂"。教师要重点加强对儿童认知心理学等方面的理论学习，更好地了解学生，关注学生，改进教学方式，努力建设自然、和谐的"微笑课堂"，探讨具有语文学科特色的"微笑课堂"模式。为此，我们以教学五环节为抓手，探索"微笑课堂"教学体系，全面提升教学质量。

（1）备课：基于儿童认知心理特点，重视学生学习过程设计，做到心中有生。

（2）上课：全面关注学生的学习过程和学习体验，努力打造自然、淳朴、有趣的微笑课堂；充分体现"3F课堂"教学模式的基本思路：学生为本，教师为主导，创设情境，培养情感，师生互动，生生互动，以情促智，情智互促，提高素质。

（3）作业：精心设计作业，力求形式多样，分层选择，实践体验。

（4）辅导：根据学生特点进行有针对性的个别辅导，让学生感受到爱，充满信心。

（5）评价：通过多元评价，挖掘学生潜力，让学生树立学习信心。

（五）微笑教育的课堂效应

微笑教育和时下盛行的快乐教育、赏识教育、愉快教育、理解教育、情境教育一样，是一种现代的教育理念。它以学生为主体，注重培养学生的情绪智力，帮助学生消除恐惧、厌学、胆小等心理问题，使学生形成积极向上的心态。微笑教育作为一种现代教育思想，正被教师广泛地运用到课堂教学中。

在教育教学管理上，微笑教育提倡精神激励，注重情感参与。微笑教育的特色表现在于能较好地突出学校的个性和活力。它要求教师实现角色的转换，从知识的传递者向知识的组织者转变。

1. 微笑教育的课堂效应表现

课堂教学是学校教学的最基本形式，是由教师、学生、教材和教学手段等构成的。各种因素之间相互作用形成教学氛围，教师与学生、学生与学生、教师与教材、学生与教材之间相互作用、相互交流、相互沟通，形成了一个完整的"教学场"，而微笑教育作为独特心理成分存在于课堂教学场中。

教师以微笑、和谐的神态，在教学过程中通过动作、表情、语言、姿态及眼神将爱传递给学生，使学生体会到亲切、温馨、幸福的情感，使教师产生吸引力、诱导力等艺术魅力，从而形成强烈的心理吸引力。微笑教育在教与学之间架起一座情感交流的桥梁，增强教学场力，从而使学生产生积极的学习情绪和良好的心境，提高课堂教学的效果和质量。

在教学中，教师把微笑带进课堂，把激励的目光带进课堂，把信任的目光投向每一个学生，把尊重的话语传达给学生，把和谐的微笑洒向全体学生，从而赢得学生对教师的喜爱和信任，形成良好的师生关系。与此同时，课堂中教师的微笑给学生的学习带来了一定的效应，具体表现在以下几个方面。

（1）启迪效应

在课堂中，教师巧妙的情感表达、通俗易懂的演绎、新奇的引导、独特的鼓励和教师带着微笑的语言及感人肺腑的表述，使学生从内心接受教师的语言、模仿教师的风度，进而使学生表现出由衷的佩服而产生心灵的启迪。

（2）净化效应

如果教师以亲切的动作、表情和温馨的眼神在教学中体现出关爱，通过教学情感浸润学生的心灵，学生就会在接受知识的同时，思想得到熏陶，心灵得到净化。

（3）感染效应

感染效应是知识传递与情感陶冶相统一所引发的心理效应。在这种情感交融、宽松和谐的气氛中，教学效果不言而喻。平常我们评价一位教师上课很有魅力，通常指该教师的微笑教育所产生的情感魅力。

2.提高课堂效应的方法和途径

（1）用激励扬起学生理想的风帆

激励是向别人提供积极的语言，或以积极的态度、行为去影响别人。它是通过激发人内心的潜能来发挥作用的，是一种持久的外部动力。激励可以帮助学生建立积极的心态和对自己潜能开发的强烈自信心，从而使外力演变为内力。行为科学家的实践证明：一个人在没有受到激励的情况下，他的能力只能发挥20%~30%，如果受到充分的激励，他的能力就可能发挥80%~90%，甚至更多。教师在激励教育中要注入情感，把自己的爱心和温情化作清凉的细雨滋润学生的心田，使学生把外界的激励逐步转化为自我鼓励的内驱力，把学习动机建立在成长需要上，充分忘我、集中全力、全神贯注地投入学习，自我管理、自我激励、自我鞭策，而无须教师进行约束、监督和奖罚，这才是发展学生的最终目标。

（2）用爱心呵护学生幼小的心灵

学生是未成年人，是发展中的人，他们的内心世界是极其脆弱的，他们渴望教师爱的滋润，需要加倍呵护。孩子的童心、童真、童趣要好好保护，任何形式的简单、粗暴、冷漠、体罚都是对孩子美好而脆弱的生命的践踏。

曾经一封学生的来信让我至今记忆犹新。一天，我正在批改作业，当打开小悦同学的作业本时，我发现了一封信。不过，我并没有太惊讶，因为我和学生在作业中书信来往谈心已是很平常的事了。于是，我放下手中作业看了起来……信的内容如下。

尊敬的李老师：

我和同桌燕玲来到这片"新大陆"已经半个月了。在这半个月里，我俩可称得上是茶饭不思呀！详细情况且听我慢慢道来……此处环境十分恶劣，前有学困生俊豪；后有恶班长小浩；右有胖子志洋；左边算是"阳光大道"，可谓是一道"靓丽"的风景线，这里时不时会飘来一股恶臭，钻到鼻子里让人只感到头晕眼花，天旋地转。

昨天，我为了"伸张正义"，冒着生命危险从张志洋那里抢来了他的"犯罪证据"（是他上美术课时做的语文作业），怎料他一怒之下竟然"狂性大发"，跃到了我的桌子旁，伸手抢走了我的美术书和心爱的蜡笔，威胁我把"犯罪证据"还给他。我死守"犯罪证据"不放。他目露凶光把我的美术书撕得粉碎，看样子是想拼个"你死我活"。我也不甘示弱，把他的"犯罪证据"丢到地上踩。他又把我的蜡笔"碎尸万段"。战斗的结果弄了个"两败俱伤"。

尊敬的李老师，我们恳请您帮我们"伸张正义"，让我们回归平静。我们决不会忘记您的举手之劳，日后定会找机会报答。决不食言。

您的学生：小悦

2004年11月8日

看完这封信之后，我陷入了沉思。为了让学生说真话，流露真情，我在作业本上设立了"倾情交流站"，要求学生记录每天的心情、感受、对老师的看法、与同学之间产生的矛盾、对班级的建设性意见、家里发生的有趣事、上学路上看到的事、有趣的电视节目，还可以出题考老师，也可以给老师讲故事……学生对这一特殊作业的设置兴趣浓厚。每次作业学生都认真地书写。每次批改作业时，我都认真地给学生回答问题、排忧解难。"倾情交流站"成了学生最喜爱做，也是我最喜欢批改的作业。这里有喜怒哀乐、酸甜苦辣，成了一个丰富的生活大舞台和学生习作的大平台。不仅如此，它的设置还激发了学生的习作热情，使学生写自己想写，说自己想说。小悦同学这封慷慨激昂的信，正是因为师生之间的倾情交流才消除了我们之间的鸿沟。

因此，只要我们多一些关爱和理解，孩子就会打开内心世界的大门。

（3）用尊重化解学生心灵的冰霜

孩子从一出生就是一个独立的个体，他的生存权、发展权、受保护权以及参与家庭、文化和社会生活的权利都应该受到尊重和保护。学生虽然是孩子，但他们的人格尊严与成人是平等的，我们甚至应该比尊敬成人更尊重学生。尊重有两层含义：其一是对学生人格的尊重；其二是对学生自尊心的保护。学生思想、性格尚未成熟，其心理承受能力差，缺乏尊重的教育将挫伤学生的自尊心。

（4）用宽容照亮童心

在教育过程中，我们经常会碰到犯错误的学生，而教师对他们多一些宽容，定会取得悬崖提缰的良好效果。有时宽容引起的道德震动比惩罚更强烈。教育者只有以海纳百川的胸怀去感化学生、暗示学生、诱导学生、影响学生，给学生以自我反思的契机、自我选择的空间，提高学生自我进步的主动性，才能唤醒学生的良知，照亮学生的心田。每一个学生都是复杂多变的个体，因而评价学生的对错必须有多个标准。

（5）用公正对待每一个学生

教学的主体性要求教师平等地对待每一个学生，一视同仁。微笑教育倡导教师公正、平等地对待每一个学生。对待那些所谓的"差生"，教师要学会把握时机，及时洞察他们心理上的微妙变化，用"放大镜"寻找他们身上的亮点，充分、热情地肯定他们，培养他们自尊自爱，使他们善于自我肯定、自我激励，逐渐增强自信，从而战胜对竞争和挑战的恐惧，逐渐消除他们身上业已存在的"失败者"的心理特征，最终品尝到成功的喜悦。

（6）用倾听增强学生信心

在教学中，师生交流互动尤为重要。乐于倾听、善于倾听不仅是一种优良的品质和修养，而且对于学习者本身来说，也有非常大的意义。

常常有这样的镜头：有的教师在学生回答问题时，没有微笑地看着学生以及认真地倾听学生的发言，而是在忙着准备下一环节的内容；有的教师不知道是为了体现"面向全体"而多问些学生，还是为了赶进度，经常会中断学生的发言，或让下一个学生说，或进入下一教学环节。

小学生的一个特点是好表现自己，总认为自己想的是对的，别人说的都是错的。学生普遍喜欢别人听自己说，而不喜欢听别人说，尤其是低年级儿童。课上他们踊跃发言，气氛很活跃，甚至一个孩子的发言还没有结束，其他的孩子就很着急地说："老师，我……"他们只顾表达自己，而没有倾听别人的发言。还有的学生，老师在上面讲，他在下面做自己的事情，沉浸在自己的世界里，心早已不在课堂上了。试想一

第二章 追梦——开发内心宝藏，牵手微笑教育

下，听者无心，说者怎么会有意呢？长此以往，学生表达的欲望将越来越弱，学习积极性、自信心必将严重受挫。而在观察一些特级教师的课时，总是能发现他们的耳朵似乎特别灵敏，他们不但能敏锐地发现学生表达中的闪光之处并及时给予肯定，更能准确觉察到学生语言的不足之处并及时给予指导，在教师的影响下，学生也都会全身心地投入聆听之中，这样的课才会又实又活，引人入胜。可见，有效的课堂，必将是用心倾听的课堂。

3. 微笑式"低声教育"

微笑式低声教育，是被忽视的教育科学。随着微笑教育研究的不断深入和各地微笑教育实践的不断推进，我们发现一种新的教育方式可以作为"微笑教育的常态"，那就是"微笑式低声教育"。

我上初中的时候，语文老师上课时同学们会很快安静下来。而其他学科的老师上课不是这样的，经常闹哄哄的。并非语文老师是帅哥或者美女，也不是语文老师凶神恶煞或者人缘极好，他有一个"法宝"，就是微笑，而且轻声。

每次他上课，刚开始教室里闹哄哄的，他也不管，照常开始讲课，微笑着，声音很小，只有前排同学能听到。渐渐地，不讲话的同学就不满讲话的同学，讲话的同学也似乎要听听老师讲什么，因为只看到他嘴巴在动，这与看哑剧一样让人着急。教室里很快就安静了下来，语文课就在老师的"娓娓道来"中进行。相反，我们经常发现有些课堂闹哄哄的，有的老师大声吼，甚至扔书、拍桌子。而有智慧的教师往往自己什么也不说，而是用自己的"无声"来震慑课堂中顽皮的学生。事实上，这样维持课堂纪律比大声吼更有用。微笑、低声，不急、不躁，一定能感染到学生，只要你愿意调低音量就行。

何为低声教育？低声教育是与大喊大叫相反的一种教育方式。我们常常为管教孩子效果不佳而束手无策，不管是喋喋不休还是大喊大叫的命令，孩子全然不理。如果经常对做错事的孩子高声斥责，不仅收不到效果，反而对孩子的性格成长、心理健康有不利影响。这时候就要考虑改用微笑式的低声教育方式了。

心理学家对表达哪些事情该用怎样的声调进行研究后发现，处理同一件事情，不同的声调会收到不同的效果。而大人批评孩子用低声调，孩子更容易接受。

（1）低声调可以使人理智、情绪平和，也可使孩子抵触、逆反的心理防线有所松懈，有利于沟通。

（2）低声批评孩子不仅可以集中对方的听力，而且可以先发制人，不让孩子使用高声调。生活中常看到大人高声责骂孩子，孩子反抗的声音也不低，双方情绪越来越激动，最后惹得大人一肚子气，孩子也不服气。

（3）低声调可以赶走愤怒。父母是孩子人生中任教时间最长的老师，大人的言行对孩子的影响最大，遇事暴躁、不冷静、开口大声责骂的父母对孩子的性格有潜移默化的不良影响。

（4）运用正确的语气和措辞。对许多父母来讲，控制自己不批评孩子是很难的，因此，说话前请三思，运用恰当的语气和措辞效果会很好。比如"我爱你，但是你的行为我不能接受"，这种话初听会觉得很生硬，但很快孩子就会很自然地明白你的意思了。

（5）把你所期望孩子要做到的解释给他们听。比如带孩子逛超市，告诉他不要乱动商品，并警告他违反的后果是什么。你要从头到尾贯彻到底，无须大声威胁。

（6）不要使用伤害孩子自尊心的语言，要就事论事，不要随意对孩子发泄情绪。

总之，"低声"开启了微笑教育发展的新格局，我们将团结一大批微笑教育样板学校，大力推进"微笑式低声教育"，把微笑教育推向一个崭新的发展阶段。

（六）微笑教育的组织文化系统

1. 微笑学生（微笑少年）

学生在洋溢着喜悦的气氛中学习，舒展心灵，发展潜能，情智并举，树立积极的世界观、人生观，在小学阶段打好基础，始终笑迎生活，笑对生命，自信地走好每一步。学生能从教师那里学到怎样微笑，将对其身心的发展产生积极影响。在给学生"减负"的同时，教师必须让他们学会微笑，让他们在微笑中学会礼貌待人，学会面对挫折。

2. 微笑教师

教师要以微笑的状态对待学生，让学生感受到真挚、谦和、亲切，以真切的情感走进学生的心灵深处。尊重、关注、欣赏每一名学生，以智慧和正确的方法引领学生向更好的方向发展，并不断取得进步。

对教师来说，微笑教育是一种职业姿态，要求教师实现角色转换，从知识的传递者向知识的组织者转变。教师要选择、创造适合学生的教育方法、管理艺术，显示良好的适应能力。

师道尊严不是教师外表的尊严，而是教师内在的气质、品格、学识和外在的亲和力的统一。

3. 微笑班级

在班级文化建设中，把微笑教育作为主题，构建班级文化中的"微笑文化"主旋律，让班集体成为培养微笑学生的基本环境。

4. 微笑社团

社团组织一方面围绕"微笑文化"主题建设社团类型，另一方面开展丰富多彩的与微笑相关的社团活动，打造更多的微笑载体，如"乐乐当家"、校报、讲堂等。

5. 微笑家长

家长要更新观念，调整心态，保持愉悦的心境，创造和谐的家庭氛围，给孩子宽松的成长空间，教育、感染、激励孩子，使他们洋溢激情、充满活力，健康快乐地成长。

树立家校共育观念，提高家长教子水平。通过家长学校、家长论坛、亲子日等活动，家校共育，优势互补，协调发展，创设适合学生发展的教育环境，促进学生身心健康发展。

6.微笑社区

在家校活动基础之上，学校拓展与社区街道以及相关社会服务部门的合作，开展社会小义工、小志愿者服务活动，把校园微笑精神传播到校外，影响周边的社会，训练师生在不同社会环境中表达真诚微笑的能力，让学生树立参与社会活动的自信心。

（七）微笑教育的协调统筹管理

第二小学教育集团成立了教师发展中心，主抓三校区校本培训、教科研工作，在理事会的统一协调下，达到"四个统筹"：课程计划统筹、教研活动统筹、考试和评价统筹、教师培训统筹。集团各校区平时认真开展教学督查，行政班子蹲点到每一个年级（班）。各学科、年级由备课组组长和德育导师负责引领教学质量，开放优质资源（好题共分享、检测同步走、评价同要求、结果同分析、问题共补救），做到"六个相对统一"（资源共享、德育活动、课程计划、教学进度、质量检测、校本培训的统一）。

学校重视教师的专业发展，打造德艺双馨的"微笑教师"团队，引领教师找好自身发展定位，做好专业成长规划，使其朝着"合格型""能手型""科研型""专家型"等不同层次的教师专业发展目标而努力。集团抓实三校区"青蓝工程"建设，统筹培训资源，了解不同年龄、不同层次教师的发展需求和研修需要，实行按需配送，尽力满足每一位教师个性化专业发展需要。各校区教学处按常规组织骨干教师展示课、师徒结对汇报课、新进教师过关课，狠抓教师基本功训练，提高一标（把握课标）、二案（编写教学设计和导学提案）、三课（自主课、展示课、反馈课）等内容的专业基本功训练水平；聘请校内教学经验丰富且具备专长的教师或外聘专家担任导师，采用情景代入、案例分析、探究练习等多种形式，开展分享、互动、参与式主题研讨，指导实践操作，形成自助式、生态化校本研修文化，提升研修品质，促进教师专业纵深发展；根据市区文件精神，对集团内教师进行跨校区互换流动，积极发挥核心校的辐射引领作用，每年选派骨干教师到成员校，促进各校区之间教师的专业交流与发展。

美术组教师善于捕捉"南海神庙"这一本土文化元素并巧妙加以利用与整合。2020年，学校创建了"南海丝路"微笑艺术工作坊。教师们多次前往南海神庙进行实地采风，探访当地老手艺人，设计了很多适合各年段学生年龄特点的课程，让传统工艺作品焕发现代勃勃生机，其别具特色的菠萝庙文化元素作品被广泛关注，深受广大师生、家长和社会各界的喜爱。

2022年，学校深入开展特色地域课程，北校区充分挖掘萝岗香雪地域文化特色，创建了香雪艺术工作坊。我们不但在萝岗香雪本土组织制作岭南特色手工艺品，还在原有基础上丰富手工材料、制作手法，使传统工艺与现代元素有机结合，延续"南海丝路"无惧风雨精神，读懂黄埔，读懂广府文化，让传统文化绽放时代光芒，精彩千年。

五、微笑教育，让心回归

斯大林说："有理想的人，生活总是火热的。"生活因有理想而甜蜜，生命因有理想而灿烂。在微笑教育的引领下，学校注重培养学生的理想、信念、责任心，开展的一系列活动影响甚广。通过以下部分活动的分享，我希望给读者带来一些启发。

（一）理想助飞翔，微笑促成长——德育处主题少先队活动课

2018年5月21日下午，六（3）中队在第二小学体操房开展了少先队会活动，在辅导员赵海敏老师的带领和中队长的主持下，队员们畅谈理想，树立目标，决心通过不懈的努力去实现心中美好的愿望。

在中队长的引导下，中队活动正式开始。队员们展开讨论，分享搜集到的"名人故事"。一篇篇励志的名人故事犹如灯塔，引领着队员们前进的方向，队员们不禁纷纷畅谈了自己的理想。

见队员们对理想已经有了感悟，辅导员赵老师顺势播放了视频《蜗牛的梦想》，并带领队员们理解故事内容，解读故事的精神。队员们在思考交流中明白了实现理想的路上会遭遇各种艰难险阻，但是只要不放弃、不灰心，坚持到底，最终能站上云端看风景。

活动中，队员们联系自己的实际罗列了一系列的"绊脚石"。辅导员赵老师分析了"绊脚石"有内部自身因素和外部环境影响两大类，并引导队员们有针对性地解决问题，向自己心中的理想一步步迈进。听了辅导员的话，队员们完善了自己的手中的"理想规划卡"并进行了分享。

最后，一首《我相信》表达了队员们把握今天、把握当下，脚踏实地为理想而奋斗的决心。

活动结束后，曾方君导师做了精彩点评。她指出本次活动主题"理想助我飞翔"是直面队员心灵的一次自我剖析和自我成长，是以理想为"利器"引领自己告别"自我"，走向"新我"的一次洗礼，非常有意义，并指出本次少先队活动的三个亮点：敢于放手，给队员充分的信任，突出队员的主体性；敢于引导，凸显辅导员的"主导"作用；环节清晰，环环相扣，活动行进扎实有效。

(二) 广东电视台采访愿做有理想信念的第二小学学子

习近平总书记在党史学习教育动员大会上特别强调，抓好青少年学习教育，让红色基因、革命薪火代代传承。第二小学少工委把学深悟透习近平总书记此番重要讲话精神，让学生听党话，跟党走，成为理想信念传承人作为新学年重点工作来推进。

1. 红领巾讲红色故事

用好红色资源，讲好红色故事，传承红色基因。学校本学期开展了以"讲红色故事，讲革命精神"为主题的活动，队员们利用周一升国旗和"课间小喇叭"时间讲红色故事。活动开展以来，队员们声情并茂地讲述了毛泽东的故事、周恩来的故事、雷锋叔叔的故事……孩子们被一段段难忘的故事感动得热泪盈眶，纷纷表示要向革命先辈们学习。

2. 观红色基地，悟革命精神

为了进一步加强对队员的党史教育、革命信仰教育，激发队员的共产主义信念，在学校党支部的组织下，学校部分党员和优秀少先队员走进夏港街普辉社区红色教育基地。

通过参观红色教育基地，全体党员和队员内心深处受到了一次洗礼，深刻了解了中国共产党不屈不挠的奋斗历史，加深了对革命先烈的崇敬之情。参与活动的党员和队员表示，在今后的工作和学习中一定要继承先烈的遗志，发扬努力拼搏的斗争精神，不忘初心、牢记使命，听党指挥，努力奋斗。

3. 小队员爱我国旗

力量，在国旗下凝聚；意志，在方队中磨炼。他们目光坚定，脚步稳健；他们军姿飒爽，身姿挺拔。他们，就是第二小学国旗班的队员们。

学期伊始，学校邀请武警官兵龚波战士为我校训练国旗班。训练中，教官手把手地指导和纠正队员们的动作，对他们严格要求并紧抓细节，一遍一遍地示范讲解，从摆臂幅度到抬腿高度，一丝不苟，认真细致。正值春季冷暖交替之时，队员们在"冰火两重天"的季节参加训练，天气热了擦擦汗水，降温了瑟瑟发抖地跑两圈再练，这种训练磨炼了队员们的意志，这就是我们国旗班队员的精神，这就是党的预备队的精神。让我们谨记少年强则国强！

迎着朝阳，伴着庄严的国歌，鲜艳的五星红旗冉冉升起。每周一的升旗仪式总是能看到国旗班队员挺拔的身姿、整齐的步伐，他们将成为校园中一道亮丽的风景线！

4. 缅怀革命先烈，红色精神代代传

1921年是建党100周年，又逢4月"清明·我们的节日"时节将至，

少先队第二小学大队特邀了曾上过战场、亲身经历过枪林弹雨的甘柏辉、刘海涛两位老革命家和部分校外辅导员、大队干部参加以"缅怀革命先烈红色精神代代传"为主题的系列活动。

各校区大队辅导员面向全体大队委开展了解"广州起义烈士陵园"红色基地背景、讲述烈士起义故事、学习扫墓礼仪的活动。

在烈士陵园庄严肃穆的氛围中，队员们接受了生动的爱国主义教育，懂得了生命的意义，深切地感受到现在幸福生活的来之不易，激发了立志勤奋读书、报效祖国的雄心壮志，进一步增强了历史责任感和民族使命感。大队委齐思嘉同学面对广东电视台记者现场采访时表示："此次活动让我感受到了革命先辈们当时抵制白色恐怖时高昂的革命热情，没有那些革命烈士就没有我们现在的美好生活，我们在感恩他们的同时要好好学习，报效祖国！"

一系列红色主题教育活动让队员们把感动化为对党、祖国和家乡的热爱，把人生目标与祖国命运紧密联系，激励他们树立远大理想，为实现中华民族伟大复兴的中国梦贡献自己的智慧和力量。这次活动也做到了活动前有准备、活动中有体会、活动后有感悟。

六、参观交流络绎不绝，微笑教育影响深远

"教育是爱的事业，爱是教育的灵魂"，这是教育的基本内核。而微笑教育是爱的教育，是激励的教育，是赏识的教育，是鼓励的教育。当每个孩子都洋溢着幸福的微笑时，我们的教育就成功了。

近年来，全国各地慕名而来参观、学习工作室的团队络绎不绝，我也带领工作室成员深入其他学校访问、交流、指导，让微笑教育的理念得到广泛传播。

（一）微笑第二小学迎跟岗，卓越校长共成长

2018年10月15—19日，广州市卓越校长班一行到美丽的第二小学跟

岗学习，与第二小学人一起观摩、交流、学习、进步。

历时一周的跟岗学习，学校为卓越校长们的研修日程做了具体细致的安排，从办学理念、德育党建、微笑课堂教学、特色活动等方面全面地展示了微笑教育的硕果。整个跟岗研修活动井然有序，精彩纷呈。

1. 党建德育润物细，微笑携手育桃李

校长们观摩了周一的升旗仪式，庄严、隆重的升旗和颁奖仪式给校长们留下了深刻的印象，也开启了校长们此次跟岗学习之旅。随后，校长们移步会议室，吴美玲主任做了以"严肃抓党建，微笑促教育"为题的讲座，为校长们介绍了学校的党建工作。陈绍琴主任为校长们做了题为"做纯善德育，育微笑少年"的讲座。在第二小学人看来，"微笑德育、人人德育"不是冷冰冰的口号，德育入心、成德于行是每位教师对学生的期望和要求。让德育走进学生心灵并成为学生成长的自觉需要，让学生快乐地规范自己的行为并自信、阳光、积极地成长是我们的追求。

2. 教坛勤耕耘，课堂展风采

10月16日，我们进行了一系列语文教研活动。上午，第二小学郭艳老师和怡园小学赵美娴老师同课异构《老人与海鸥》。下午，第二小学迎来了"广州市黄埔区中高年级阅读教学暨广州市第三批百千万名师培养对象（语文四组）教学风格凝练研讨活动"，活动由新港小学林穗莉老师执教《母鸡》一课。林老师课程安排独具匠心，富有创意。课后，郭艳老师围绕本次活动的主题，做了题为"基于提高学生阅读素养的阅读策略研究"的讲座。接着，由第二小学邓羡华老师执教《落花生》一课。秉承"教给知识，留下微笑"的教育理念，邓老师的课堂可谓富有激情、妙趣横生。课后，怡园小学的赵美娴老师针对两次课例，做了一场题为"上有温度的语文课——凝练教学风格"的讲座。接下来，百千万学员实践导师陆蓓校长充分肯定了四位老师的付出，对两位老师的课进行了精彩而详细的点评，并就教师应如何在凝练教学风格的道路上实现专业成长，给在座的所有教师指明了方向。

3. 特色活动，活力四射

学校教学处依照微笑教育办学思想，成立了40多个特色"微笑社团"，努力为每一个孩子提供多彩的成长舞台。滕芳主任为各位校长做了题为"精彩社团，活力飞扬"的讲座，详细介绍了第二小学"微笑社团"这个有趣的学习乐园。在微笑学生社团活动中，孩子们获得了别样的思维方式，体验着动手实践的乐趣，感受着同伴互助的温暖……各色各样的社团百花齐放，丰富着孩子们的校园生活，也将微笑洒满校园。此外，卓越校长班的校长们还观摩了第二小学微笑小主持人决赛、活力大课间活动，学生饱满的精神、蓬勃的朝气得到了校长们的称赞。

4. 微笑教育绽光芒

19日上午，在二楼会议室，我做了题为"有一种教育叫微笑"的主题演讲，向校长们介绍了学校的微笑教育理念。下午，胡杰老师分享了第二小学微笑英语科组的建设经验，从成员介绍、教研常规、教学常规、英语活动等方面交流观点、碰撞思维。

一周跟岗学习结束后，校长们纷纷表示收获匪浅、感触颇多。本次跟岗活动是一次思维的碰撞，更是一次教育理念的交流，在有效的交流互动中，达到了共赢的目的。

（二）深圳名师团队到第二小学参观访问

2018年10月26日，深圳市宝安区李帆教育科研专家工作室、宝安区谢宽平名教师工作室的老师们到第二小学参观访问。团队一行人参观了美丽的校园，校园小主持人声情并茂地为来访客人们介绍了第二小学的校园十景，大家对浓厚的校园文化建设赞不绝口，小主持人大方自信的表现也给来访团队留下了深刻的印象。

紧接着，来宾们观摩了胡丁允老师为我们带来的感恩课堂：歌曲《感谢》、相声表演《五官相争》、诗歌朗诵《感恩生命》、舞蹈表演《茉莉花》……一系列精彩纷呈的节目表演贯穿了整个感恩课堂，来宾们都为这节精心准备的课程纷纷点赞。此外，来访老师们还观看了我校颇具特色的大课间活动，深厚的校园文化积淀和师生良好的精神风貌给客人们留下了深刻的印象。大课间结束后，团队一行人观摩了谢玉兰老师带来的特色社团课程"普通话与口才"。在课堂上，谢老师对孩子们的走姿、站姿、表情和声音进行了专业的指导，使孩子们能够流利自信地进行自我介绍。社团课上，学生们彬彬有礼、充满自信的表现再一次让来访客人们赞叹不已。

参观结束后，第二小学组织校领导班子和各班班主任，就家长学校的建设、发展和管理与来宾们进行了讨论和交流。到访的工作室老师们对第二小学清新的校园环境、鲜明的办学特色、丰富的办学成果表示赞赏。

（三）见证微笑绽放，共享成长喜悦

2018年11月12—23日，在书香飘溢、充满欢歌笑语的校园里，第二小学迎来了新的客人——国培校长班学员、高州市文明路小学教师代表。在两周的参观访问中，学校为校长和老师们的参观访问做了精心的安排和准备，从微笑教育、微笑德育、微笑课堂以及特色活动等角度，全方位地展示了第二小学微笑教育的成果，开启了国培校长班学员、高州市文明路小学教师代表的微笑体验之路。

1. 微笑教育初体验

周一早上，大队部为来访的校长和老师们准备了热情的欢迎仪式。随后，一段精彩的学校宣传视频为大家打开了认识第二小学的大门。我为远道而来的客人做了以"有一种教育叫微笑"为题的讲座，深刻地阐述了微笑教育理念，详尽地介绍了我校教育理念形成的过程以及在微笑教育道路上取得的成就。

余雪云老师、曾方君老师、朱秀云老师分别做了以"班级管理"为主题的讲座，为校长和老师们介绍了学校的班级管理的理念和模式。国培校长班学员、高州市文明路小学教师代表们在我和第二小学老师们的诠释下，对第二小学的微笑教育理念有了初步的认识和理解。

2. 微笑德育撒桃李

在微笑教育思想的指导下，第二小学的微笑教师坚持微笑育人，静待花开；第二小学的微笑学子在教师的教育下彬彬有礼，知书达理。我们为国培校长班学员、高州市文明路小学教师代表们准备了丰富的观摩活动，展现了微笑德育模式结合我校办学特色，在长期开展的主题教育、社会实践、团队建设等特色创新活动中结出的硕果。其间由学校陈绍琴主任为国培校长班学员、高州市文明路小学教师代表们做了以"做纯善德育，育微笑少年"为题的讲座，由熊沁老师做以"中国梦绽放微笑，红领巾迎风飘扬"为题的讲座，为客人们进一步介绍了我校微笑德育模式的创新特色，让微笑教育更加深入他们的内心。

3. 微笑课堂育英才

学校推出了三节"微笑课堂"观摩课例，分别是由方静蓉老师、林晓玲老师执教的数学课以及由黄嘉雯老师执教的美术课，这三节课生动地展现了学校大力推进的"2355"微笑课堂教学模式，体现了学校对"教给知识，留下微笑"这一课堂理念及让学生收获"鱼、渔、愉"目标的执着追求。在微笑课堂上，教师们以饱满的热情营造了愉悦的教学氛围，传递了智慧，学生通过自主学习在课堂上达到自我提升的状态，实现了教师成长与学生发展的共赢。课后，董翠云副校长为国培校长班学员、高州市文明路小学教师代表们详细解读了学校的微笑课堂教学理念和模式。

11月20日上午，我带着校长班学员和教师代表们参加了校际语文交流活动——"华开同课会"，新颖的"辩课"活动让校长和老师们眼前一亮。我校曾海清老师展示的一节语文微笑课例给客人们留下了深刻的印象。文明路小学的莫小婵主任说："曾老师的课让我感受更深，她的课堂非常关注孩子的所获与成长。"微笑教育再次给了客人们深深的触动，让他们为第二小学的老师和学子们纷纷点赞！

4.特色活动显风采

第二小学的教师重视传授知识的同时注重孩子的素质教育，第二小学学子在微笑教育下不仅成绩优异，而且个个多才多艺。一场文化成果展让校长班学员和教师代表们不禁感叹："这是长期坚持开展文化艺术活动的积累与沉淀，值得学习！"

11月22日上午，校长班学员和高州市文明路小学教师代表们观摩了我校举行的"最炫民族风"民族文化体艺节。学校全体师生以及家长为校长班学员和教师代表们带来了一场民族盛会，给客人们带来了一次心灵的震撼，展现了第二小学师生浓浓的中华情！孩子们身穿各民族服装，跳着热情的民族舞蹈，用特别的问候欢迎来自远方的客人。民族文化体艺节为学校的微笑教育增加了更绚丽的一笔，同时让客人们感受到了学校在民族文化传承方面的用心！

校长班学员和教师代表们都纷纷感慨："今天的民族文化体艺节非常精彩，让我们感到十分震撼！"观摩活动结束之后，张世云校长代表校长班学员为学校送上了锦旗"微笑迎未来，弄潮新时代"，表达了校长们对学校微笑教育最深的感受！

5.共享成长的喜悦

国培校长班学员、高州市文明路小学教师代表们在参观访问活动中收获良多，他们纷纷表示本次学习为大家搭建了经验分享、观点交流、智慧共生的平台，大家在第二小学学有所思、学有所获、学有所用！同时，与国培校长班学员、高州市文明路小学教师代表们的交流和思维的碰撞，也促进了第二小学对自身教育教学工作的反思，起到了互相促进、共同进步的作用。

(四) 中美基础教育论坛成员走进第二小学

2018年11月29日上午，华南师范大学基础教育培训与研究院的黄道鸣副院长等专家和"百千万人才培养工程"名校长培养对象赴美研修成员莅临第二小学参观交流研修。在校园小解说员们的解说下，专家和校长们参观了乐园、若谷石、葡萄小径等校园十景。小解说员们的精彩讲解让原本绿树掩映、景色宜人的校园景致变得更加生动了，宾客们不由地沉浸在曲径通幽、小桥流水的幽雅校园环境中。

接着，大家来到学校的阶梯教室，观看了学校建校20周年栉风沐雨、光辉岁月的校庆短片和体艺节之最炫民族风歌舞表演视频。随后，我以"办学生满意的学校"为主题，将美国研学中获得的新知与自己的实际工作相结合进行分析思考，分享了自己对于微笑教育的一些新的理解和设想。

之后，英语科组的师生为宾客们精心策划了一场英语沙龙活动——多彩的少数民族。沙龙为大家呈现了一个生动好玩、贴近民族文化、趣味互动性强的微笑英语活动课堂。小演员们身穿各色民族服饰，手捧具有民族特色的特产、器具，声情并茂地为来宾们讲解了汉族、塔塔族、裕固族、哈萨克族、傈僳族、傣族的文化风情。来宾们沉浸在多姿多彩的民族文化中，充分感受到了第二小学微笑课堂的活力和精彩。

在第二小学才艺大舞台，大家欣赏了第二小学师生精心准备的节目，有《藏族舞蹈》《逆战》《闻鸡起舞》《小苹果》《征帆》等。节目精彩纷呈，宾客们时而为充满青春动感的舞姿喝彩，时而又为小演员的自信洒脱和老师们的多才多艺折服。艺术风采节目表演在展示第二小学全体师生自强自信的精神风貌的同时，也彰显着学校别具特色的"全面发展、张扬个性"的微笑教育之美，来宾们对此赞不绝口。

当天下午，我还以研修组成员的身份随行前往广州开发区外国语学校交流学习，该校师生为研修组精心准备了"醒狮迎宾"的欢迎仪式。研修组在参观了典雅素净、景色宜人的校园环境之后，前往会堂观看了学校宣传片《凤凰涅槃》，紧接着召开了中美基础教育论坛暨赴美研修总结会议。会上，大家推心置腹地分享了此次研修学习的经验和收获。会后，研修组观摩了该校特色越风艺术团的"国乐"课程，并在广州开发区外国语学校校园南门合影留念。每一次交流，都是一次自我提升，每一次互动，必然都会擦出思想的火花。我们将捕捉这些思想的火苗，凝练总结、融会贯通，推动微笑教育再上新台阶。

（五）瑞典客人到访第二小学

2018年11月，瑞典哥德堡市教育教学交流团队跨过海峡来到美丽的第二小学参访交流。

第二小学的教师和学生为远道而来的客人们精心准备了一场精彩纷呈的歌舞演出。两位小主持人吴予瞳和李慕言全程用流畅又标准的英语主持，大气、灵动的台风串起了一个个令人叫绝的节目。摇滚乐队彩虹堂带来的两首《追梦赤子心》和《We Will Rock You》迅速点燃全场，拉开了整场演出的序幕。

在第二小学微笑教育理念下，学生社团蓬勃发展。在此次演出中，第二小学学子向瑞典的客人们尽情展示了中华传统民俗文化的魅力。葫芦丝合奏《竹楼情歌》意境悠扬，民乐合奏《金蛇狂舞》经典大气，古筝和吉他合奏的《小苹果》创意吸睛，独唱节目《说唱脸谱》说唱结合、台风稳重，舞蹈《厉害了，侦察兵》英姿飒爽、气势磅礴，经典朗诵《征帆》群情激昂、舞台效果十足。但是说起中国文化又怎么少得了闻名世界的名片Chinese kung fu呢？由武术社团的同学带来的武术表演《闻鸡起舞》，动作行云流水，节奏张弛有度，生动诠释了中华武术的精神气魄。最后，由校合唱队同学带来的校歌合唱《放飞梦想》活力十足，唱响了爱校最强音，生动展示了第二小学学子活力十足、积极向上的精神面貌。为了欢迎我们从瑞典远道而来的客人，合唱队的同学还表演了《音乐之声》中的经典曲目《雪绒花》。"Edelweiss, edelweiss. Bless my homeland forever"，在清脆稚嫩的合唱声中，我们的合唱队队员向瑞典交流团的老师们献花并赠送学校吉祥物"乐乐"玩偶。

节目完毕，学校领导和瑞典交流团老师上台互赠礼物、合影留念。我手写我心，第二小学学子用稚嫩的小手一笔一画书写微笑教育书法作品并作为礼物赠送给嘉宾。留念完毕，瑞典交流团的老师们还饶有兴趣地和同学们进行了互动、交流。随着快门声的记录，记忆定格在这一瞬间。这一天定是闪光的历史性时刻，而第二小学送上的书法作品和一直坚持的微笑教育理念也将漂洋过海，走向大洋彼岸。

（六）全国中小学教师现代教学能力提升与课程融合高级研修班来校参访

2019年4月24日，第二小学迎来了全国中小学教师现代教学能力提升与课程融合高级研修班的参访。本次研修班是由全国各地的教育局分管领导、教研员，中小学校长、副校长、教务（教科）主任、教研（备课）组长、骨干教师组成的。

第二小学为这次参访做了精心的准备。参访团走进校园，沿着环廊漫步，礼仪小队的十景介绍员早已在等候。学生面带微笑，介绍得生动、详尽，校园绿意芬芳，来宾尽享舒畅时光。

随后参访团移步阶梯教室，一段"最炫民族风"体艺节的宣传视频和一段20周年校庆宣传视频向大家展示了学校发展的历程和成果。

接下来由学校青年名教师李枚枚老师为参访团带来了一节微笑课堂展示课。李老师的讲课风格清新宜人。她以学定教、顺学而教，引导学生感悟课文。

最后，参访团来到了体操房。在这里，第二小学的演艺小明星们将为来访的客人带来一场精彩的"乐乐当家"艺术风采展演。来宾们对精彩纷呈的节目赞叹不已。

参访结束，参访团的领导、专家和老师们意犹未尽地离开了第二小学。

（七）释疑解惑，鼓舞信心——我带领工作室团队访问九龙一小

根据广州市教育局的安排，2019年3月14日，我带领工作室团队到九龙第一小学访问，这是工作室按计划开展的第一次学校访问活动。活动以"培育学校凝聚力"为主题，工作室成员以九龙一小为管理实例，通过对学校管理的观察和与学校教师的交流，发现学校在教育教学管理

第二章 追梦——开发内心宝藏，牵手微笑教育

中存在的问题，提出建设发展的建议，也使自己从中获得学校管理的感悟。

团队在飘洒的春雨中参观了校园，了解了学校兰苑建设的情况，并建议将兰苑建设与学校文化进一步结合，让其成为学校的亮点。

参观校园后，练炽明校长为工作室全体成员介绍了九龙第一小学的发展情况及规划，从学校的定位、发展目标谈起，简略地介绍了学校发展遇到的困难、采取的办法和取得的成绩。工作室成员对学校规划中的"兰品特质"比较感兴趣，还就此进行了更深入的探讨。

接着工作室成员分组与九龙第一小学中层干部、科组长、骨干教师进行座谈。座谈的内容主要是不同岗位的教师对学校现状的看法和对学校未来的想法，工作室成员也从中了解了九龙一小领导班子的工作成效，这样既能从旁观者的角度为九龙一小发现发展中的问题，又能启发每个人对工作的思考。

在座谈结束后的总结会上，黄埔区科学城小学北校区负责人李珏仪副校长、花都区新华街第七小学江雪华副校长、黄埔区科学城小学马力芳主任代表三个小组，对本小组了解到的情况进行了总结、反馈，各小组教师充分肯定了九龙一小行政团队的工作，对学校的凝聚力、科组工作的开展情况、教师团队的务实工作等方面提出了自己的看法，表达了自己的希望，特别是建议学校领导班子多走到教师中间去，多跟教师交流思想。李珏仪副校长结合自己的工作经验，建议可以好好利用、发挥家长优势，使其服务于学校教育，找到贴心的家长做家委，以一部分家长带动其他家长；对于学校教师年龄偏大的问题，她指出，教师不能改变年龄，但可以改变心态，学校要引导他们追求精神上的年轻，追求生活上的品质，对学生、对工作满怀热爱。我做了简要的总结，肯定了九龙一小行政班子的工作，指出九龙一小的困难是暂时的，未来是有希望的。九龙一小现在是学校有方向、校长有想法、行政团队有执行力、教师队伍有进步愿望的小学。只要行政班子和教师团结一致，学校就能排除各种干扰，走上快速发展的道路。

最后，时任从化区江埔街和睦小学的李醒彬副校长做了"关于学校凝聚力的思考"的专题发言。在发言中，李校长引用一个个浅显易懂、发人深省的小故事与参会人员进行互动交流，引发大家的思考，最后他总结道：关于学校凝聚力，其核心点是共同奋斗的目标，支撑点是完善的规章制度，突破点是非凡的执行能力，动力点是多角度换位思考。总之，学校凝聚力来源于共同的目标、完善的规章制度、非凡的执行能力与多角度的换位思考。几句话简单明了，意义深刻。

每一次的活动交流都是管理观念碰撞、灵感四溅的时刻。工作室成员认为，我提出的到一所学校访问就聚焦一个重点内容进行讨论，能充分集中大家的智慧，有利于总结学校的管理经验。九龙一小作为一所有特点的学校，给大家提供了很好的实例，让大家从不同的角度看待学校管理，在深入思考、感悟和交流碰撞中，有效提升了工作室成员的专业素养和管理水平。

（八）粤贵学校结对子，携手推进微笑教育

开发区第二小学、独山县玉水小学"结对子"。为了加强广州与黔南州的教育合作与交流，促进两地教育共同发展，积极探索跨地区校际合作模式，2019年4月19日下午，两地领导与独山县第二中学校长共同见证了广州开发区第二小学教育集团与独山县玉水小学"结对子"签约仪式！

在仪式上，两所学校校长就相关特色学校的建设进行了深入交流。我首先对独山县县政府、县教育局领导的到来表示热烈的欢迎，随后从办学理念、课程建设、德育研学、特色节日活动以及集团化办学等方面介绍了学校的教育教学基本情况。我指出，第二小学将在办学、管理、师资、特色等方面发挥优势，通过中层干部互派、骨干教师互动、学生互访、资源共享等方式，提升玉水小学办学品质，缩小区域之间的办学差距。

独山县玉水小学岑远双校长介绍了玉水镇教育基本情况、学校存在的困难和结对帮扶工作需求。独山县教育局副局长提出，开发区第二小学集团化办学对独山县的教育发展是一种启发。教师培训中心莫春雁老师说道："开发区第二小学的微笑教育让我们在参观校园十景时深深地感受到了，感谢也感动能有这样交流互动的机会！大家都希望以本次结对帮扶为契机，大力提升独山县教育教学发展水平，同时为玉水小学的养成特色教育提质增效再添助力。"

黄埔区教育局副局长为大家介绍了黄埔区教育发展面临的难题和机遇，针对结对帮扶情况，指出广州市黄埔区与黔南州独山县虽然相隔近千里，但情谊相连，两地教育帮扶签约，也是相互学习。"玉水"之名，意境深远，相信此次结对子活动将会促进两地教育深度融合发展，会让两地的合作越来越紧密，成果也会越来越多。

双方签署了结对帮扶协议书，就精准帮扶提出了具体做法。校际将采取"请进来、走出去"的方式深入开展互动交流，共同探讨现代化学校管理方法，打造学校核心文化及办学特色，加强师资队伍建设，多渠道、多形式开展教育教学组团交流活动。开发区第二小学教育集团将着力帮助玉水小学提升教师业务水平，组织教育管理干部、骨干教师定期或不定期到结对学校开展教研活动，如上示范课，提升受助学校办学水平及教师业务能力；创新城乡学校合作新模式，组团发展，两校取长补短，开展多层次、有实效、针对性强的教科研活动，促进互利共赢、共同提高。

结对子是交流也是合作，帮扶也能实现共同发展。两所学校在共同努力下，必将有力地推动两校教育水平有新的提高，管理水平有新的突破，教育质量有新的改进，办学实力有新的增强！

简洁而庄重的签约仪式对开发区第二小学教育集团来说是一份约定，更是一份沉甸甸的责任。通过结对子活动，开发区第二小学教育集团将微笑教育带到更远的地方，让黔南州的孩子们也成为乐学、善学的微笑学子。

（九）微笑联盟聚南宁，共度中兴微笑节——工作室赴南宁市中兴小学

"五月雨晴梅子肥，杏花吹尽燕飞飞。"五月的南宁微风和畅，微笑怡人。

2019年5月8—9日，适逢第60个世界微笑日之际，我带领工作室一行9人与广州智库教育研究院嘉宾团队、全国微笑联盟兄弟学校、广西基础教育名校长代表等共计一百多人齐聚南宁市中兴小学教育集团中兴校区，共话微笑教育之美，共商微笑教育之发展，共享微笑教育之研究成果，共度南宁市中兴小学教育集团第五届微笑节。

1. 八桂合乐，喜迎嘉宾

8日上午，伴随着由铜鼓、竹鼓、大鼓等乐器组成的壮乡原生态音乐《八桂合乐》，嘉宾们走进了南宁市中兴小学的大门，校长赵桃艳携行政班子成员热情迎接，并为嘉宾敬献绣球。

2. 八桂舞台，尽显风采

在接下来的微笑节开幕式上，中兴师生带来了民族特色舞蹈串烧和大型歌舞《爱我中华》，每个节目都弘扬了"微笑爱祖国，微笑颂团结"的主旋律。整个会场沉浸在一片微笑欢乐的海洋中。

3. 壮家美食，各显身手

人间有味是清欢。精彩的启动仪式结束后，壮家美食嘉年华盛装开启。各班都挂出了精美的宣传海报，摆出富有壮乡特色的美味佳肴，大家可谓各显身手，各出奇招，纷纷经营起自己的壮家美食坊。一道道造型各异、色彩艳丽的美味佳肴，让人不舍得下口。

4. 微笑课堂，精彩纷呈

8日上午，在一楼多功能会议室，中兴小学黄菁菁副校长和二（1）微笑采蜜班的孩子们还向我们呈现了一节精彩纷呈的数学课——"解决问题"。课堂上，黄菁菁副校长创设了贴近学生生活实际且富有趣味的生活情境，引导学生独立思考，主动探究，合作学习，让学生感受到数学源于生活、用于生活的同时，解决问题的能力也得到提高。孩子们在黄副校长的组织下，想一想，说一说，画一画，写一写……他们学习积极主动，回答问题声音响亮、自信大方、有条不紊，尽显微笑天使的风采，课堂氛围活跃。

课后，三个微笑教师团队从三个角度分别对这节课进行了评课展示。教师们畅所欲言，毫无保留地发表认识、见解和收获，展现了中兴小学团队的智慧以及微笑教研的风采。

5. 微笑歌舞，情牵那考

8日下午，李悦新工作室成员及与会嘉宾到达风景宜人的那考河湿地公园，南宁市中兴小学第五届微笑节系列活动之"争做四有好老师"师德师风展示活动将在这里隆重举行。

活动在中兴师生《我和我的祖国》的歌声中拉开序幕。紧接着，中兴校级班子和微笑使者们为我们带来《一条河一方田一个梦》诗朗诵，展现了那考河精神，表达了中兴人时刻不忘习近平总书记对每一位兴宁教育人的教育重托。微笑使者唐莎莎等几位教师则通过演讲抒发了热爱党的教育事业，敢于有梦、勤于圆梦的青春激情。最后，全场《相亲相爱一家人》歌唱表演让温暖溢满那考河畔，微笑一路旖旎。

6. 扎染课堂，染出微笑

微笑是传递幸福的力量。在微笑的季节里，中兴的孩子们把微笑也带到了美丽的那考河畔。师德师风展示活动结束后，中兴小学马玲玲老师和四（3）微笑雨橙班的孩子们，以大自然为课堂，为我们展示了一节别开生面的美术实践课——手工扎染。马玲玲老师带领孩子们走近中国民间传统的染色工艺。示范技法、设计图形、调试颜色、浸泡染色等神奇而有趣的扎染之旅吸引了工作室的成员及到场嘉宾，大家都不自觉地加入孩子们的课堂，亲自动手感受扎染艺术的魅力。

7. 七彩课程，共话微笑

一枝独秀不是春，百花齐放春满园。5月9日下午，工作室成员再次来到中兴小学一楼多功能会议室，与广州智库教育研究院嘉宾团队、全国微笑联盟兄弟学校、广西基础教育名校长代表济济一堂，共话微笑教育之美。

分享会由广州智库教育研究院院长何池欹主持。首先，中兴小学校校长赵桃艳带领校级班子团队分享了微笑中兴的成长历程、学校微笑教育顶层设计以及七彩课程实施方案，内容翔实、情真意切。

随后，嘉宾们围绕微笑教育进行了广泛而真诚的交流，既对中兴小学取得的教育成果表示祝贺，也对中兴小学的未来发展提出宝贵的意见。我作为工作室的主持人和全国微笑联盟会长在分享会上进行分享。我从以下六个方面谈到中兴小学是值得微笑的：

（1）中兴校长的执着、自信和领导力。

（2）中兴团队的凝聚力。

（3）中兴师生的活力与张力。

（4）微笑教育的主题化。

（5）微笑思想的物化。

（6）微笑课程落到实处，课程体系完善。

最后，何池欹院长做总结发言，他对南宁市中兴小学的办学成果给予充分肯定，用五个"如花"来表达对南宁市中兴小学的赞赏之情：

组织内容缤纷如花。

师生素养高洁如花。

行为文化优雅如花。

课堂课程绽放如花。

办学成果甜美如花。

8. 携起手来，微笑前行

教育之路，山高水长。为期四天的南宁之行虽然已经画上了一个圆满的句号，但是微笑教育的道路还很长。未来，工作室的成员将继续携手同行，一路学习，一路微笑，奔向微笑教育更广阔的天地。

七、我的感悟：道阻且长，行则将至

经过多年的践行，微笑教育成果有目共睹。经过我的系统讲授和活动案例分享，工作室学员获得了最核心的法宝——倡导并践行了10年的微笑教育思想产生的背景、必要性，微笑教育的哲学思辨、文化系统、推进措施等，在此理念下构建的教学体系，以及将其运用到校园方方面面所取得的成果。

我的学员深知，要将自己内心深处的微笑宝藏开发出来并让它闪烁着喜悦和幸福的光芒，还有很长的路要走，但道阻且长，行则将至。

于是，我鼓励学员积极参与工作室组织开展的自主研修、专家引领、课题研究、跟岗交流、异地走访、互助问诊、共享交流、示范帮扶等内容丰富、形式多样的研修学习和实践，让微笑教育理念渗透到每个人的工作生活中。

我希望学员在微笑教育的路上不仅能获取经验，领悟微笑教育的精髓，还能分享智慧，升华情怀……

一片树林里分出两条路，而我选择了人迹更少的一条，从此决定了我一生的道路。

——罗伯特·弗罗斯特

人生就像是一场赛跑

但每个人的跑道长度不尽相同

也许在某个时刻

我们能够看出高低之分

可长远来看

结果依旧是未定的

那些一开始跑得慢的人未必会输

一开始跑得很快的人也未必会赢

但总有一些人能跑最远

因为，他们始终坚持跑在自己的路上

第三章 筑 梦

——李悦新名校长工作室领航多方共赢发展

一个好校长所能成就的不仅是一所好学校，更能带动区域教育的发展。名校长工作室作为一种高端教育人才培养模式，其最直接的作用是带动校长快速成长，带动学校优质发展，促进区域教育均衡发展。广东省李悦新名校长工作室（简称"工作室"）自2021年9月27日正式挂牌成立以来，在三年的实践与探索中，紧紧围绕立德树人根本任务，以培育多方共赢的发展共同体为目标，基于研究共同体和实践共同体同步推进的理念，采用自主研修、专家引领、课题研究、异地走访、互助问诊、共享交流、示范帮扶等内容丰富、形式多样的培养方法，聚焦学校特色发展，开展学校管理实践，培养了多名学者型、研究型、创新型校长。

一、揭牌仪式鼓舞人心，工作室开启新篇章

2021年9月27日上午，工作室揭牌仪式暨集中理论研修活动在第二小学南校区会议室隆重举行。莅临揭牌仪式的领导和嘉宾有广东第二师范学院教师研修学院副院长于慧博士，华南师范大学教师教育学部副部长黄道鸣博士，教育部国培专家、广州市番禺区市桥中心小学柯中明校长以及工作室全体成员。

黄道鸣博士为所有人员做了题为"名校长工作室的管理与实践分享"的专项讲座，黄院长从实践角度出发，分享了名校长工作室的具体管理方式与发展前景，让所有成员收获满满。随后广州智库研究院何池歆院长做了以"品牌，办学者的教育梦想"为主题的专项讲座。

作为工作室主持人，我做了"梦想从学习中开始，价值从实践中产生"主题报告。报告娓娓呈现工作室的成立、建设理念、育人目标及功能职责等内容，全情诠释了工作室发展的愿景与规划——将为工作室成员学校校长的专业水平提升助力，为工作室成员学校的品牌建设聚力，为工作室成员学校间的均衡发展献力，将工作室建成学习与研究的平台、成长与进步的阶梯、交流与辐射的中心。

学员代表李醒彬校长代表全体工作室学员发言。他表示一定会好好珍惜宝贵的学习机会，立足教育现实，探寻教育真谛，用好工作室这个发展平台，努力提升个人管理水平和育人智慧，为广东省基础教育的高质量发展做贡献。

最后，在全场的见证下，于慧博士、黄道鸣博士和我共同为工作室揭牌，牌匾光鲜醒目，鼓舞人心，这意味着工作室开启了新的篇章。

简短而隆重的揭幕仪式后，我与工作室成员共同拟定研修计划，构想未来。工作室将以《国家中长期教育改革和发展纲要（2010—2020）》为指导，以建立学习共同体为目标，以校长的办学实践为主线，以校长的自主研修为基础，以科研课题为切入口，充分发挥名校长的引领作用和工作室成员间的团结合作精神，指导团队成员在办学过程中增强特色意识和品牌意识，使工作室成员在办学过程中都能够创建出独树一帜的校园文化，形成独具一格的办学风格，搭建和谐的教育评价机制，贯彻课改理念，创建品牌、名牌学校，成为优秀的学校领导，最终成长为拥有一流的教育办学水平和管理领导能力、在本区域有一定影响力的校长，为区域教育的发展贡献力量。

（一）名师引领

1.导师：林建锋校长

林建锋校长是浙江省绍兴市上虞区城东小学校长及书记，入选教育部名校长领航工程，是浙江省特级教师，全国科学优秀教师，浙江省教坛新秀，浙江省优秀教师，浙江省2015十大教育影响力人物，绍兴市十大优秀青年，绍兴市首届名师，上虞区专业技术拔尖人才。

2.导师：吴开华教授

吴开华教授是广东第二师范学院教务处处长，华南师范大学兼职硕士导师，广东省教育研究院特约研究员，主要研究领域为教育法学和民办教育，任教课程有教育法学、教育政策研究、幼儿教育政策法规等；参与《广东省实施〈中华人民共和国民办教育促进法〉办法》的起草工作，是立法小组核心成员之一；主持和参与多项省部级科研课题研究，出版《民办学校法律地位》《中小学热点法律问题研究与典型案例评析》两部专著，合著《教育法基础》教材，参编著作（教材）10多部；在《比较教育研究》《教育发展研究》《中国教育报》等报刊发表学术论文40多篇，其中10多篇被《人大复印报刊资料》全文转载。

（二）团队成员

（1）李醒彬：广州市从化区良口镇第二小学校长。

（2）龙梓川：广东省廉江市石岭镇蓬山小学校长。

（3）戴江静：时任广州大学附中高新区实验学校校长，现为广州市黄埔区文冲小学校长。

（4）陈丽玉：广州市番禺区新桥小学副校长。

（5）刘群娣：广东省清远市清新区第五小学副校长。

（6）杨波：广东省吴川市梅菉中心小学副校长。

（三）工作室助手

（1）邓羡华：时任广州开发区第二小学教育集团副校长，现为黄埔区护林路小学校长。

（2）朱建东：广东省李悦新名校长工作室助理。

二、打造学习与研究的平台——凝练思想，成就自我

苏霍姆林斯基说过，学校领导首先是思想上的领导，其次才是行政上的领导。学校要实现可持续发展，关键是校长的思想引领。因此，作为一名校长，他首先要有清晰的办学思想、明确的办学目标。优秀的校长可以根据学校具体情况和个人人生经历来经营、管理学校，并逐渐形成本学校独特的办学理念，从而影响和指引师生的主体信仰、精神气质和文化特征。为此，我首先从思想领悟上着手，通过自主研修、专家引领、课题研究等多种方式，全力为名校长成长打造学习与研究的平台。

（一）自主研修

校长的思想力是校长走向优秀的核心要素，作为学校的"领头羊"，校长必须有远大的思想见识、广阔的办学治校视野、良好的品德素养，才能引领学校的优质发展。校长要提升思想见识、打开视野，最便捷有效的方式首先是自主研修——"读万卷书"。因为一本好书蕴含着丰富的知识和美好的情感，阅读一本好书就是跨越时间和空间，同睿智而高尚的人对话。我要求成员必须经常研读教育教学相关理论以及科技、文化、管理等多领域的专著和材料，及时跟进时代的发展变化，准确把握教育的前沿、热点与趋势，并将学习所得凝练为治校思想，进而付诸实践。有关微笑教育的相关著作也给工作室成员以巨大的启迪。学员之间经常分享好书、交流读书心得及撰写读书笔记。读书丰富了学员的知识，在提升素养中净化了灵魂。

研无尽，思无涯。我始终坚持打造高品质学习研究共同体，及时分享优质学习资源，采用线上线下相结合的研修方式，开阔学员视野，加大学员教育思考力度，从而有效提升了学员的教育教学、治校管理能力，助推了学校教育高质量发展。

（二）专家引领

名校长工作室成员作为拥有丰富工作经验的学习者，具有积极的学习动机，善于批判性思考，很多时候他们缺乏的是有效的引领。为促使工作室成员更好地把握教育前沿理论和教改热点，更好地落实教育方针政策，更好地凝练办学思想，在广东省中小学校长培训中心办公室龚孝华、谈心博士、广东第二师范学院教师研修学院副院长于慧博士，教师教育学部副部长黄道鸣博士、钟罗金博士等的引领下，我组织开展了多种形式的专家引领活动，包括线上线下主题讲座、主题论坛等，引领成员从多个维度吸收多元教育的智慧和经验，从立德树人的层面厘清办学的思路与方向。

"纸上得来终觉浅，绝知此事要躬行。"只有坚持知行合一，才能在实践中学真知、悟真谛，加强磨炼、增长本领。主持人带领成员线上或线下参与"中小学在线教学发展"论坛、"家校社协同育人"主题论坛、"课程文化引领发展"主题论坛、《中华人民共和国家庭教育促进法》专家权威解读活动、第五届中小学品质课程研讨会等专家引领活动，进一步拓宽了工作室成员的教育视野。

1. 齐聚云端，携手共进

2022年3—4月，在广东省中小学校长培训中心办公室谈心博士的引领下和我的组织下，工作室组织学员参加了3场高端线上学习活动，为拓宽学员的教育视野，科学研判教育改革发展形势，引领方向、凝聚共识、推动实践，助力学员更智慧、更高效地应对教育教学、学校管理工作起到了积极的引领、推动作用。

第1场：线上观摩"中国教育学会2022年度工作会议暨第八届理事会第六次会议"。

2022年3月31日，工作室组织成员及网络学员共同线上聆听"中国教育学会2022年度工作会议暨第八届理事会第六次会议"。教育学会会长及教育部多位司局长的专题报告带来教育改革创新的前沿信息、战略思考、政策导向及工作要点，教育部及学会领导对学生健康成长的守护、对教育的思考、对民族未来的担当，让我们同频共振。

工作室成员及网络学员认真观摩会议。在大会精神的感召下，大家对于最新教育前沿政策信息及工作要点等与本职工作的关系有了更加清晰的认识和定位，纷纷写下自己的心得和体会：

教育是国之大计、党之大计，也是老百姓挂在心头的重要民生工程。2021年5月，习近平总书记亲自部署义务教育"双减"工作，为建设高质量教育体系指明了方向。中国教育学会提到校长责任的问题。我认为作为学校校长，要根据中央全面从严治党的要求，加强单位政治建设，紧密结合经济社会发展变化和学生生活实际，积极探索具有中国特色的劳动教育模式，创新体制机制，注重教育实效，实现知行合一，促进学生形成正确的世界观、人生观、价值观。

——陈丽玉

2022年3月31日，在广东省李悦新名校长工作室的引领下，我参加了线上观看中国教育学会2022年度工作会议暨第八届理事会第六次会议活动，认真聆听教育部司局领导的微型讲座，了解最新教育政策信息。中国教育学会会长在讲话中指出，要全面把握党中央对基础教育的新部署、新要求，聚焦贯彻落实学会"十四五"规划，扎实做好学会2022年重点工作，包括中国基础教育论坛、基础教育国家级教学成果奖评审及推广应用、新课程实施"领航计划"、支撑服务中小学幼儿园校（园）长任期结束督导评估、新时代中小学校长培训、课题研究、办好《中国基础教育》期刊、教育信息化、开展国际交流合作等9项工作，充分发挥学会平台优势、专家优势和资源优势，更好地服务教育决策和一线实践，推动我国基础教育向高质量发展迈进，以实际行动和优异成绩迎接党的二十大胜利召开。此次学习除了让我了解到教育前沿最新消息，也让我更加深刻地认识到，作为一名校长，要在学校起到引领作用，不仅要有对方向高度的敏感性，还要有扎实的理论基础。学习很重要，学习什么更重要。只有这样，才能带领教师提高教育教学质量和治校管理能力，推动学校教育高质量发展。

——戴江静

2022年3月31日上午，广东省李悦新名校长工作室组织全体工作室成员开展线上学习活动，主要是观看中国教育学会2022年度工作会议暨第八届理事会第六次会议。通过观看教育部司局领导的微型讲座，我对新的教育教学形势有了清晰的认知，也深感肩上担子重大。在今后的工作中，我要以"减负提质"为目标，引领教师们提高课堂质量，优化作业设计，让学生乐学活学，促进学生的综合素质得以真正提升。

——刘群娣

通过本次在线学习，我的收获还是很多的，特别是教育部教师工作司领导的报告让我对教育部为我们教师所做的一切有了全新的认知。教育部从强化教师的师德师风入手，完善教师管理机制，优化教师编制管理，着力推进中小学教师的减负，在此基础上推进高质量教师体系建设，推行优师计划，开展针对薄弱县教师中比较好的教师的培训，为教育强国建设打好基础，为教师安教乐教作保障，着力提升教师的地位和待遇。这些体现了国家对教师的重视和关怀，让我倍感责任重大，使命光荣。因我自己离人民的期盼、离党的要求还是很远，我唯有加强学习，充实自己，不断提高自己的业务能力，才能无愧"教师"二字，才能适应发展，按国家建设教育强国的标准培养接班人。

——龙梓川

感谢广东省李悦新名校长工作室的推荐，我有幸聆听了教育部司局领导的微型讲座，了解最新教育政策信息，让我的教育教学理念思想更新不少，受益匪浅。作为一名新时代小学教师，我要认真学习最新基础教育改革动态，踏实做好学生教育教学的领路人。

——蔡荣幸

第2场：线上观摩"中小学在线教学发展论坛"。

为推进在线教育的健康发展，探索基础教育未来教学模式与学习形态变革的可能方向，2022年4月8日，在江苏省教育厅的指导下，南京师范大学教育科学学院联合《华东师范大学学报（教育科学版）》编辑部，共同主办了2022年"中小学在线教学发展论坛"。本次论坛邀请学术专家、教育主管部门负责人、教研员、部分中小学校长和教师代表，分享中小学在线教学理论和实践经验，聚焦在线教学质量提升、线上线下教学有效融合等问题，共同推进中小学在线教学健康发展。

工作室全体成员及网络学员参与了此次线上论坛。通过论坛的观摩学习，工作室学员开阔了视野，了解到很多最新的信息技术与学校教育发展的前沿信息及信息技术与教育教学深度融合改革的理论与实践经验，提升了研判在线教学潜在风险的能力，激发了探索在线教学常态学习路径的兴趣，同时深刻认识到深化信息技术与教育教学深度融合改革、实现基础教育高质量内涵式发展是学校需要重点思考探究的问题。

今天，我有幸线上观看了"中小学在线教学发展论坛"，了解到最新的信息技术与学校教育发展的前沿信息及信息技术与教育教学深度融合改革的理论与实践经验。其中，华东师范大学终身教授、《华东师范大学学报（教育科学版）》编委会袁振国主任的《线上线下融合教育的重点在融合》让我印象尤为深刻。我认为线上教育的发展依托是线下传统教育课程内容的整合，只有在保证了教育内容的质量后，线上技术上的支持和平台上的互动才有意义。线下传统教育为线上教育提供了知识上的资源，线上教育有了保质保量的课程，才会得到受众的信赖。传统教育的互动性和课堂感是线上教育无法取代的，线上教育只有满足了受众传统的互动交流后，才会赢取真正线上平台的互动式学习。

——陈丽玉

4月8日，通过线上学习，我了解了最新的信息技术与学校教育发展的前沿信息及信息技术与教育教学深度融合改革的理论与实践经验。线上+线下教学不是简单的1+1模式，而是智能伴学，家校共育才能发挥它最大的作用。线上教学最佳效果组合：自律的孩子+负责的家长+优秀的教师。

——戴江静

4月8日，广东省李悦新名校长工作室组织全体成员开展第2期线上学习。通过观看"中小学在线教学发展论坛"，我受益匪浅，其中印象最深刻的是南京师范大学教育科学学院沈书生所做的报告——《从实然到应然：适应混合学习新常态》。是的，这几年，学校开启了一项新的教学模式——线上教学，各位教师也努力适应这一教学模式，不断实践、不断努力，提升线上教学的实效。可以说，通过第一阶段国家提倡的停课不停学、停课不停教，教师们也体会到线上教学的好处：好的线上教学，可以是我们课堂教学的有效巩固，也是一种有效的教学延伸和拓展；孩子们通过线上学习，可以获取一定的自学方法，提升自学能力，这对我们实现"教是为了不教""为是为了无为"这个教育终极目标是大有裨益的。

——刘群娣

今天有幸参加了"中小学在线教学发展论坛"，从在线教学报告中，我的思考是线下教学的大部分经验可以迁移到线上，不必要产生过分的教学焦虑。线上直播教学与线下课堂教学有很多相似的地方，教师依旧可以通过直播教学看到每一个电脑前的学生，可以共享屏幕播放PPT等多媒体文件。线上授课也要明确每节课的学习目标、学习内容、学习评价，并进行有效组织，达成教学效果。同时，教师不能完全把线上直播教学按照线下课堂教学模式来开展——互联网为因材施教提供了可能性，教师应将更多的精力放在设计学习目标、学习任务、学习评价上，开发线上学习分享、学习合作、学习反馈等方式。

——曾颖彬

观看"中小学在线教学发展论坛"，让我真正认识到线上线下的优势和互补作用。沈书生教授在《从实然到应然：适应混合学习新常态》报告中指出，线上教学是一种无奈的创新和变革，他总结了在线教学的发展过程和由此得到的收获。他们团队所取得的成果，让我更深刻地认识到我们做学术只要敢于接受新事物，勇于挑战，勤于研究总结，就会有意想不到的收获。

——龙梓川

4月8日，作为广东省李悦新名校长工作室成员，我有幸观摩了2022年"中小学在线教学发展论坛"线上会议。听了很多专家和教授的发言，引起我的一些思考：

一是平台的使用受到相关条件的限制，既有设备和网络条件方面的问题，也有平台系统在运行过程中经常出现崩溃的问题，还有初次使用该应用平台因熟练程度不够导致的问题；二是教学工作中形式主义大量出现。部分教师在课程设置环节存在应付的消极态度，教学过程中灵活性不足、参与度低，部分教师对课后作业放任不管。

这些问题与初期显示的效果是对应的，即在当下的在线教学过程中，只有少量学生能够自主学习，师生关系无法有效建立，教学效果难以最大程度呈现。

这些问题的产生，源自在线教学得以展开的两个潜在的前提性假设：一是依托于平台软硬件的物质基础，二是更加强调学生自主性的价值基础。前者目前已经达到一定的条件，且作为客观存在，是可以逐步改进的，因此这里主要考虑后者。学生学习的自主性以前者为基础，但在实际运用中，网络技术的既有优势没有发挥出来，反而使在线教学的弱势得以凸显。后者更强调学生的自主性，甚至完全依靠学生的自主性，而忽视了教学活动中的主导，即教师的自主性。这具体体现在两个方面：

一是教师的管理职能与监督功能弱化。以应用平台作为师生关系建构的主要途径，教师与学生并不处于实体空间中，因此教师对学生的学习状态和行为基本上是不了解的，也就无法进行有效管理与监督，更谈不上指导。而线下课堂师生处于同一间教室，上课期间总是面对面，教师对于学生上课过程中的学习状态和行为一目了然，如一位教师所讲："哪些学生在认真听，哪些在贪玩，哪些在自我学习，我都心中有数。"缺乏实体教学环境而完全依靠学生的自主学习，并不具有实际意义。

二是教师对学生的消极态度无能为力。在实体课堂中，面对学生的消极态度，教师可以运用各种方式与方法，既能调动学生的积极性与能动性，还可有效抑制学生的消极甚至破坏行为，大多数学生都能够按照教师的方法与要求充分发挥自己的主动性，同时自我规范和约束自己的行为。而在在线教学中，一切凭借学生的自主性和能动性，教师无法有效运用既有的方式与方法调动学生的积极性与主动性。

因此，在线教学活动消解了师生关系的建构，其中既有教师的主导作用遭到弱化，也有学生的主动作用不足，最终极易走向"教师放任不管，学生自我放逐"的形式主义。要想发挥在线教学的优势，除了技术的不断开发和及时更新，更关键还在于重建正确的师生关系，也就是教师主导与学生主动。

所谓教师主导，即教师起着主要的、引导性的作用。这不仅表现在精选课程、日常的沟通与答疑解惑上，还表现在课后作业的监督与检查等学习过程的方方面面和各个阶段。这需要众多教师的付出与坚守，同时需要发挥他们的智慧与能量。

所谓学生主动，即学生在学习过程中要发挥自身的积极主动性。这表现在学生积极参与教师的教学活动，积极完成各种作业，同时能自主进行拓展学习。这仅仅依靠学生自身是不够的，还需要家庭的耐心指导和有效监督，甚至是社会力量的参与。

因此，为改进现阶段的在线教学，既要进一步激发教师主导、学生主动的作用，还要家庭乃至社会力量的积极参与，要通过各方的合力，构建及时沟通与交流的机制，采取不同于线下课堂的各种有效方法与方式，重建师生关系。

——李醒彬

第3场：线上观摩2022年广东省名校长工作室主持人团队专项研修暨"家校社协同育人"主题论坛。

2022年4月16日上午，广东省名校长工作室主持人团队专项研修暨"家校社协同育人"线上主题论坛顺利召开。工作室入室学员及网络学员参加了本次线上论坛学习。论坛由广东省中小学校长培训中心办公室副主任谈心博士主持。

活动伊始，主办方广东省中小学校长培训中心龚孝华教授和教育部中小学校长和幼儿园园长国家级培训项目管理办公室主任向大会致辞，祝贺论坛顺利召开。

本次论坛邀请了李家成、谭根林等近10位专家学者，聚焦家校社协同教育理论和实践经验，从心理学、教育学等研究视角，聚焦现阶段校领导、老师和家长所关注的教育问题，深入浅出地与大家分析不同地区的实践案例，在"家校社协同育人"主题上进行深入、有效的探索，展示了工作室主持人办学实践创新成果，展现了实践教育家风采。论坛中专家、校长们的研究成果和独到见解使工作室学员对家校协同教育的理念更加清晰，方向更加明确。工作室学员表示将以此次专题论坛学习为契机，努力运用创新理论和实践经验，积极赋能日常工作，为促进教育高质量发展贡献更多智慧和力量。

今天，我有幸参加了线上观看"家校社协同育人"论坛，了解到最新的打造家校社协同育人新样态的理论与实践经验。其中，《中国教育报·家庭教育周刊》主编、中国家庭教育学会宣传教育专委会副理事长、中国家庭教育传媒联盟秘书长杨咏梅的《"双减"政策和落实家庭教育促进法的关键是尊重儿童权利》留给我的印象尤为深刻。谈到"除了学习不好，什么都好"的家长说法，她认为这证明孩子的各个方面都是很好的，如阅读、品格、身体都好！家庭教育要尊重儿童权利。联合国《儿童权利公约》明确规定儿童应平等享有生存权、全面发展权、受保护权和全面参与家庭、文化和社会生活的权利。然而在激烈的教育竞争下，青少年学习负担日益沉重且严重下移，甚至学前幼儿也早早开始背负升学压力，游戏、休息、娱乐的时间被越来越多的作业和课外辅导所侵占，儿童的休息权、健康权、全面发展权与参与权被严重损害。"双减"政策的实施将为家庭生活和教育赢得更多时间和空间，提供更多自主选择和掌控的机会，从而保障孩子们玩得充足、睡得香甜，并广泛参与家庭、社会生活各项事务，有利于真正尊重和实现儿童的各项权利。

——陈丽玉

此次主题论坛通过不同的视角，从理论到实践全方位阐述了家校社协同育人的必要性、重要性和构建机制以及初步的实践效果。

"家校社协同育人"，家校社是合作主体，"协同"是合作手段，"育人"是合作目标。世界的进步要求教育不应囿于校园围墙，而应具有越来越开阔的视野。学生教育需要创造良好的社会环境，实现学习生活化。但是，三个合作主体之间如何协同是个很复杂的系统问题。我们目前面临着不少困境，如家校间的信任度低，社区资源缺乏和参与感低，平台技术资源缺乏支持，缺乏统一的意识和有力的措施，等等。

　　虽然困境比较多，但是我们也看到很多学校在努力尝试。针对家校合作如何发挥各自优势的实践活动也取得一些效果。家委会、家长课堂、家长义工是我们目前最常见的家校合作方式，可能在社区的参与上大家还缺乏共同的意识。下一步，我想我们应该从"家校社协同育人"的动力机制、活力体制、可持续发展、评价检测等方面进一步提高认识，加大跟家、社之间的联系，主动沟通，掌握更多的可用资源，为学校的教育教学工作和孩子的生活化学习提供更多的资源和渠道。

——戴江静

　　今天，我有幸参加了线上观摩"家校社协同育人"主题论坛，了解到最新的打造家校协同育人新样态的理论与实践经验。其中，广东省名校长工作室主持人曾庆校长的课题《"双减"背景下家校共育的路径与策略研究》让我感触最深。曾庆校长团队在"双减"背景下，从基于家校融合的课堂教学与作业设计实践研究、特殊学生家庭的家校共育、构建以互信为基础的家校共育实践研究三方面进行研究探索，详细分享了"构建以互信为基础的家校共育实践"，对于如何更好、更高效地开展家校共育工作提供了可操作、可借鉴的经验方法。

——刘群娣

　　通过本次学习，我对家校社协同育人有了一个全新而又深刻的认识。我们首先要创设一个互信环境，做到师生互信、教师对家长信任、家长对教师信任，不断提高教师特别是班主任家校合作的专业水平和能力，促其能根据不同能力水平的家长调整沟通的方式方法。

——龙梓川

这次线上学习，我受益匪浅。接下来我会努力将所学落实于工作实践中，积极营造和谐育人的校内外人际关系体系，加强学校与社会各界人士的联系，通过微信、家长会、家长义工等多种形式，加强家校互动，构建和谐的家校关系，努力打造"1+6"办学条件，营造幸福育人氛围。

——杨波

2. 参与高端论坛，享受思想盛宴

2023年5月12—13日，工作室成员参加了第十八届广东省中小学校（园）长论坛，论坛主题为"'双减'下构建学校家庭社会教育新格局"，邀请了教育名家做讲座、分享。12日，工作室成员认真聆听了几位专家的讲座：北京第一实验学校校长、中国教育学会副会长、教育部基础教育教学指导委员会主任委员分享的"在没有权力的领域展现领导力"的讲座，华东师范大学教育学部教授刘莉莉的"变革时代校长领导力的提升"讲座，刘菲菲校长的"'家校社'共育视角下的文化叠加效应"和阮美好校长的"构建新时代校家社协同育人共同体的实践探索"讲座，谢家湾小学教育集团刘希娅校长的"变革学习方式，促进高质量育人"讲座。13日，大家参与了"校长星空：我们的育人实践"的圆桌论坛。名校长刘希娅、曾毅、柯中明、蔡练、周灵梅、唐文红、刘春景等专家做了不同主题的汇报。主题论坛让工作室成员获益良多，思维共碰撞，灵感齐迸发，为工作室成员在"双减"下寻求家校合作找到新的突破口。

3. 专家主题讲座，撼动学员心灵

我邀请华南师范大学教师教育学部副部长罗一帆教授为学员分享"时间管理与工作效率的关系"讲座。罗部长以"时间的定义""时间重要吗？"引出话题，激发大家对时间的思考：只有掌握提高工作效率的四象限管理法，管理好时间，才能让时间的年轮为我而转，忙而有果。

我邀请广州智库教育研究院何池歆院长为学员做专题讲座"品牌，办学者的教育梦想"，讲座融理论、实用性及前瞻性为一体，使学员对学校品牌建设有了全面系统的认识及新的思考。此外，我还邀请何池歆院长参与考察成员校——广州市番禺区新桥小学、清远市清新区第五小学、广东省吴川市梅菉中心小学、廉江市石岭镇中山小学，在实地考察学校办学实践情况的基础上，何院长聚焦学校质量、学校文化、学校特色三大方面，通过提炼学校特色、创新课堂模式、营造文化氛围等举措，指引学校从品质到品牌的有效过渡，也为各校后续的工作指明了方向，厘清了品牌建设思路。

我还邀请广东第二师范学院教师研修学院副院长于慧副教授对成员校广州市番禺区新桥小学进行指导。她对书院文化非常认同，认为新桥小学近3年发展成效显著：一是德润文武，特色明显；二是人心集聚，凝心聚智；三是对传统文化的传承与宣传很到位。同时她对书院发展提出三点建议：一是德润文武的"文""武"解读需深化，不只是"琴棋书画"和"闪腾挪移"，更是"知书达理"和"武德武略"。二是课程建设需进一步统整和细化，如对每月一主题相关的"文"有什么，"武"有什么，可进一步挖掘。三是对"志在九成"有明确的新桥解读，为新桥学子打好底色。

我邀请广州市增城区挂绿小学梁福金校长进行主题讲座"向管理要质量"。讲座中，梁校长从明确发展目标、打造优秀团队、提升校本培训、加强对外开放交流等8个方面向工作室全体成员展示挂绿小学近年来取得的成绩、成果以及未来5年、10年的发展规划。"学校发展必须从这

8个方面去努力，只要把这8个方面都做好了，学校自然就好了，教师会爱上学校、爱上工作，学生也会爱上校园、爱上学习。"

我还邀请广东省东莞市麻涌镇大步实验小学杨秋霆校长及其团队为学员做"'五育'并举促'双减'"等讲座。杨秋霆校长对"双减"政策进行解读，提出要从"因材施教、减负提质、优化作业设计、推进落实'5+2'课后服务、做好家校沟通"等方面落实"双减"政策。工作室成员真切地感受到他的睿智、开放的理念和务实的精神，同时，真切地体会到教育的本质是"育人"，浇花要浇根，育人要育心。校长更要帮助教师树立一种教育观念：教师不仅要传授知识，更要培养信念，使学生成长为建设中国特色社会主义所需要的合格的建设者和接班人。

这一场场有政治高度、文化厚度与教育温度的主题讲座，是"双减"下家校合作的刻骨铭心的思想洗礼，深深地打动了所有成员，让成员感受了一场丰富的思想盛宴。各项专家引领活动在名校长培养之路上发挥了引领方向、凝聚共识、推动实践的积极作用。

（三）课题研究

工作室将课题研究作为培养名校长的重要手段之一，以课题为牵引，以科研促办学，指导工作室成员结合学校具体问题设立课题。

在内容上，工作室主推两项研究：

一是关于学校特色发展的课题研究，引领工作室成员提炼各自学校的办学思想体系，突出研究学校特色发展，提高科研水平和理论素养，进而促进成员在管理水平和专业能力等方面再上一个新的台阶。

二是以问题为导向，开展办学诊断研究，引领工作室成员针对各自学校发展的重点、难点或热点问题确定研究课题，在现实情境中积累典型经验。

在课题研究开展的指导上，一方面，工作室成员根据各自学校发展目标，在我的指导下围绕现代学校制度建设、学生全面发展、教师专业化发展、教学管理等办学板块确定研究目标与内容。另一方面，工作室成员依照研究与实践的过程与成果，在我的指导下撰写研究性论文或学校发展案例，并汇入个人及学校发展成果中。我主持的广东教育学会"十四五"教育科研课题"新时代中小学校长引领教师成长的实践研究"探索出新时代中小学教师能力发展的实践模型；同时，我以第二小学办学实践为例，在"广东省工作室主持人团队课题研究型实践变革展示交流活动"中做了"以微笑教育为特色的校本课程开发与构建"汇报，以输出带动输入，为工作室成员潜心实践、用心研究提供了榜样引领与方法路径。

三、搭建能力提升的阶梯——实战锤炼，成就学校

校长办学治校的目的是立德树人，立德树人是实践性的工作，绝不能仅靠"纸上谈兵"。校长在日常工作中需要面对的是种种复杂的教育场景和问题，名校长应该不仅是果敢的管理者、有效的沟通者、优秀文化的孕育者，还应该是教育实践的示范者、力行者，只有行走于教育实践活动之中，去实践、去感悟，博采他山之石，才能收获办学思想的升华，不断增强管理治校、育人实践的能力。因此，我以打造"勤于学习、善于实践"的名校长团队为目标，为成员搭建一条能力成长的阶梯，通过跟岗交流、异地走访、互助问诊三维实践路径，致力于成员逐步形成自己的管理风格，促进其所在学校健康快速、可持续发展。

（一）跟岗交流

跟岗交流主要是指工作室成员在工作室主持人的带领下，到真实的学校办学情境中接受名校长的指导，通过近距离接触、沉浸式体验感受名校长的办学治校思想、过程、策略和成果。例如，工作室成员通过到我所在的第二小学进行跟岗学习，深入了解微笑教育的特色办学思想和特色办学成果。

1.第一期跟岗研修活动

2021年9月，工作室成员走进第二小学，参加了工作室组织的第一期跟岗研修活动。活动中，我精心策划，细致安排，从微笑办学思想、SMILE课程建设、微笑"2355"课堂、微笑缤纷社团、活力大课间、"菠萝鸡"艺术工作坊、微笑德育、微笑党务、微笑教师研训等多方面、多角度呈现了第二小学的微笑教育办学特色，带领学员深刻感悟微笑教育思想内涵。

工作室成员走进校园、深入课堂，用心感受第二小学温暖而富有魅力的微笑教育品牌，并及时书写心得体会和感悟，实现跟岗研修与自我反思相结合，将研修活动推向一个新高度。研修学习虽只有短短4天，但在学习过程中，工作室学员李醒彬校长对微笑教育感悟尤为深刻，现将其心得做如下分享，以供大家交流学习、互促共进。

微笑之约

2021年9月27—30日，我有幸参加了广东省李悦新名校长工作室的跟岗学习活动。3年前，我误打误撞加入了广州市李悦新名校长工作室。3年时间，在李校长的带领下，工作室学员既有理论学习，又有实践探究；既有远赴重庆学习，又有成员学校互访诊断，我们学有所思、思有所悟、悟有所行、行有所效。在这个过程中，学员不但茁壮成长，还结下兄弟姐妹般的情谊。我是唯一从市名校长工作室跟随到省名校长工作室的成员，这是我和李校长的微笑之约，这让我既感到无限光荣，又感到压力倍增。如何更好地在广东省李悦新名校长工作室继续学习、继续成长成了我面临的课题。这4天的跟岗学习确实给了我很多的思考和启发。

一、办学理念是学校发展的基石

李悦新校长的主题报告"有一种教育叫微笑"向我们阐述了微笑教育思想从形成、发展到成熟的各个阶段。微笑教育思想的产生源于自身和孩子的亲身经历，源于高考决定命运的谬论，源于教育的功利性，源于家长、学生、教师之间缺少良好的关系。于是，在团队的努力、家长的认同下和专家的指引下，微笑教育正式在第二小学落地生根。通过理念文化系统、精神文化系统、组织文化系统和课程文化系统，微笑教育逐渐走向成熟。我印象最深的是微笑教育的育人策略：愉悦环境、悦心管理、纯善德育、微笑课堂、阳光课程和微笑教师。每一项都是"微笑教育"理念的有力解读和支撑，给我的思考是：每所学校确立自己的办学理念很容易，但在每一项管理制度、每一次德育活动、每一处环境布置、每一节课堂教学、每一个教师动作中都按总体要求去诠释和推进落实办学理念却很难。

在微笑课堂"教给知识，留下微笑"的指引下，第二小学构建了"2355"微笑课堂教学操作建议。在教学过程中，教师坚持以生为本，通过发挥自己的主导作用，引导学生在宽松和谐的气氛中无拘束、轻松愉快地去思考、学习，从而获取知识，掌握技能，得到"鱼"；在互动交流的学习情境中掌握学习的方法，收获"渔"；在轻松、愉快、和谐的教学环境中快乐学习，感受到"愉"。这4天跟岗学习，我不但听了吴老师的专业讲座"翻转课堂助力学生成长"，还有幸听了两节课，印象最深的是郑超老师执教的语文课《浣溪沙》。整节课师生之间互动极为精彩，由境读意体现意境之美，对比品读强调以词品词，诗句运用注重以生为本，实践应用做到以诗励志，人物故事完成鱼渔兼得。给我的启发是：教师的放手成就精彩的学生，精彩的学生成就精彩的课堂，把方法教给学生，把时间还给学生。

二、社团活动是学校发展的风景

学生社团是素质教育的有效载体，是课堂教育的延伸，是学生自我教育、自我管理、自我服务的重要阵地，学生社团能极大地满足学生的个性发展，有利于学生开阔视野，增长知识，培养能力，陶冶情操。学生社团具有实践和教育功能，为学生综合素质的提高提供了广阔舞台。

第二小学除了抓好常规的微笑课程教学外，还非常重视每周一次的微笑社团课程的开设。每个学生在丰富多彩的社团活动中发现、施展自己的才能并快乐地成长。学校结合"双减"政策，遵循学生的年龄特征与学段开设相应的课程，调整原来设定的与学科知识相关的社团课程，开设一些提升学生学科素养的课程，如文学、思维训练、实践课程、艺术和体能素养等，从学生的兴趣出发，贴近生活实际，提升思维与素养，促进学生长远发展。我的感悟是：学生社团是校园文化中一支活跃的力量，它融入校园，形成一种独特的文化。它为学生搭建多元的文化舞台，提升了学校文化品位，优化了学校育人环境，对促进学校文化多渠道、深层次、高质量发展和传承起到了积极的推动作用。

三、教师素养是学校发展的保障

在讲座中，李校长强调，立德树人是学校人才培养的根本任务。教师的首要任务是育人，是培根铸魂，启智润心。教师不能只做传授书本知识的教书匠，而要成为塑造学生品格、品行、品位的"大先生"。提升教师的核心素养能够为学生的核心素养养成提供重要的基础保障，所以在新时代发展之初，教师要注重全面培育人的综合素质，在教育教学中，要严格自身的教学要求，并以传道授业解惑作为主要的教学任务，承担相应的责任，树立正确的教学观念。所以，教师要注重自身的核心素养养成，以使学生能够在发展过程中不断学习和完善个人素质。我的感觉是：就专业素养和综合素养而言，城市和农村的师资水平还存在一定的差距，但这并不影响教师成为"大先生"。

四天的学习时间十分短暂，走进第二小学，我感受到不一样的第二小学。这四天的学习给我思想很大的冲击，思考和感悟也一直萦绕于心。韩愈说："师者，所以传道受业解惑也。"而作为新时代教师的我们做到了吗？

四、后记

微笑引领，带着思考研修，让学员们的学校管理思想朝着纵深发展。相信在工作室主持人李悦新校长的引领下，学员们回到工作岗位后定能用心用情、精益求精，践行微笑研修成果，实现专业生涯的新跨越，遇见更美的自己。

——广州市从化区良口镇第二小学校长，工作室成员　李醒彬

在跟岗研修活动中，第二小学建设的"悦心语文""悦智数学""缤纷英语""悦雅音乐""七彩美术""乐动体育""趣味科学"7个学科课程在激发、培养和发展学生的兴趣爱好，开发学生的潜能，陶冶学生的情操，促进学生个性化与社会化和谐发展等方面给了工作室成员很大的启发。工作室成员陈丽玉在广州市番禺区新桥小学开展的"书院文化"特色课程建设实践深受其影响，书院文化之"非遗"特色课程成果丰硕，引得诸多媒体争相报道。

2. 第二期跟岗培训

2021年11月10日，工作室一行9人开启了为期3天的第二期跟岗培训。本次培训集理论学习、参访名校、入校诊断、主题论坛于一体，从多维视角引发成员的办学思考，助推学校管理能力提升。我特别邀请了华南师范大学教师教育学部钟罗金博士担任指导专家，全程参与并指导本次跟岗活动。

我做了"跟岗学习的'十六度'法则"讲座。在讲座中，我围绕"如何跟岗学习"这一主题，结合在第二小学教育集团实施的微笑教育的事例，深入浅出地阐明了高效的跟岗学习必须有度，只有坚持这"十六度"法则，才能在跟岗学习中学会从不同角度、不同深度发现问题，思考探索，悟出真理，取得真经，实现真正意义上的能力提升。最后，我还和学员分享了两句话：一个人想要优秀，就必须接受挑战，一个人想要尽快优秀，就必须寻找挑战！

讲座结束后，我为工作室每一位成员赠送了一整套学校微笑教育办学思想系列书籍，激励工作室成员努力成长为有理论功底、有文化品

位，有教育思想和有办学特色的校长。

工作室第二期集中跟岗活动在微笑教育办学思想的引领下，有效促进了工作室成员的专业成长，增强了办学治校的内功，同时为成员校办学特色的挖掘、办学品位的提升、学校规划的制定及学校发展等开阔了视野、拓展了思路、提供了经验，很好地发挥了名校长工作室的辐射、引领作用，助推了学校教育向更高质量发展。其中工作室优秀学员陈丽玉副校长带着"'双减'政策下，什么样的学校才是学生的乐园呢？"这一思考，写下了本次培训的所思所获，感悟深刻。

"双减"润花蕾 温暖满校园

2021年11月10—12日，我有幸参加了广东省李悦新名校长工作室集中研修暨入校诊断活动。其间开展了不同的讲座，有的关于时间管理，有的关于人性化管理，有的关于温馨校园建设……省工作室成员还专门为落实"双减"政策做了大量工作汇报，实地参观、诊断了广州市从化区良口镇第二小学和广大附中高新区实验学校两所学校。通过三天的实地查看、交流汇报、思考诊断，我收获满满。我不禁思考：在"双减"政策下，什么样的学校才是学生的乐园呢？在此次学习中，我认为有温度和有深度的校园是让学生感觉到身心温暖的乐园。

一、以校为家，变废为宝

我校始终坚持"学校发展、教师发展、学生发展"的办学宗旨，在习近平新时代中国特色社会主义思想的指引下，学校教职工已对"团结、合作、和谐、发展"达成共识，以"学校在和谐中发展，教师在协作中进步，学生在快乐中成长"全面推进素质教育。但是，"如何创造一个温馨校园，打造一个学生的乐园呢？"这个问题一直困扰着我。在这次学习诊断中，我似乎找到了答案。

（一）变废为宝，打造温馨校园

例如，这次跟岗学习中，增城区挂绿小学梁福金校长介绍的校园文化建设的做法让我有豁然开朗之感。他们变废为宝，打造校园的每一个角落。他们用废弃的水泥管做成学生的休闲区，学生自发捐出小动物美化学校，如金鱼等。在学校举行的六年级毕业典礼活动中，学生在校园亲自埋下玻璃瓶，玻璃瓶里塞进自己写下的志愿。让我惊讶的是，学生的作品不仅美观，而且有意义，尤其是经过一番修整以后，它们就像一件件精美的艺术品展现在我们眼前。

又如，良口镇第二小学把废弃的一块荒地开垦成劳动基地，分别种上了从化各个地区的植物，让学生亲身感受到劳动的快乐，把荒地变成了学生丰收的宝地。学生在自主探究学习的过程中，不但学到了知识，学会了真诚地与人沟通，锻炼了动手操作能力，增强了小组合作的意识，还增进了对社会的了解，更重要的是学会了总结、实践、研究问题的学习方法，知道了环保的重要性和迫切性，明白了"变废为宝"的巨大效用。

（二）增强学生归属感，做有温度的学校

结合跟岗所学，为了增强学生对学校的归属感，我们学校可以这样做有温度的学校：

（1）以劳动基地为契机，在学校让学生动手劳动。学校可以发动学生捐出各种各样的植物种子，以班级劳动基地为单位，以综合课堂为开展活动的平台，让学生亲手栽培各种植物，了解并记录各种植物的生长过程。

（2）我们学校有一个十平方米左右的小鱼塘，之前是荒废的，现在刚改造好。学校可以发动组织学生捐一些小动物来饲养，除了培养他们的观察能力外，还可增强他们对学校的归属感。

（3）学生刚入一年级，我校举行了开笔礼。但是毕业的时候，我校没有举行让学生有归属感的毕业礼。学校可以建议当年的毕业生买一棵树或者捐一些钱（有条件的学生，量力而行）建一些有代表性的建筑物，让学生留下一点痕迹在学校，让毕业生有空回来看看；也可以像挂绿小学一样，在玻璃瓶里塞上学生的志愿，多年以后再组织他们回来把玻璃瓶取回，看自己的愿望实现了没有。这样所有的毕业生对学校都多了一份牵挂。

二、以关爱为根，以师生为本

发展教育，根源在一个"爱"字。国家、社会、家庭、学校要关爱学生，教师对学生要特别关爱，还要尊重、赏识学生，要善于发挥"情感教育"的作用，让学生"亲其师而信其道"。对学生投入真爱，学生才会乐意接受教育，热爱各门学科的学习。一所学校要发展，必须有好的教师，有了好的教师，才能吸引学生、留住学生，学生才能学得好。学生是学校的主体，是祖国的未来。因此，学校必须以师生为本。教育要发展，必以关爱为根；学校要发展，必以师生为本。教师必须充满爱心，呕心沥血培育学生，这样才能不负人民重托，才能不愧"人类灵魂工程师"的称号。

（一）良口镇小学和流溪小学以师生为本

从化区良口镇第二小学，将图书室开放，学校休息的每一个角落（如休息亭、等候区、学校的长廊等）都放满了图书，让学生随时随地可以阅读图书，这就是以生为本的体现。学校用学生的作品装饰校园的每一个角落，这不就是以生为本的体现吗？学校的"爱种子"教学模式重视学生小组合作学习和主动学习，这不正是我们课堂需要的主动性学习吗？这不还是以生为本的重要体现吗？

例如，在从化区流溪小学陈志辉校长的讲座中，我了解到以人为本的重要性。在国际妇女节前夕，他和全校男教师改编了《桥边姑娘》的歌词，亲自录制了一首歌曲送给所有的女教师，让女教师非常感动。这样温暖的大家庭，谁不喜欢呢？

（二）用"漂流图书，每月庆生，抱团取暖"等入心举措温暖师生

（1）我校的图书室定期开放，不能随时随地地让学生看到课外书，这是我觉得遗憾的。我打算在学校的等候区或者学生平时休息的地

方设计一些趣味图书柜，放上一些学生喜欢看的图书，最好能发动学生捐出一些看完的又吸引人的图书放在这些开放性的图书柜里，作为学校的漂流图书馆，尽量让学生可以做到随时随地阅读有益的图书。

（2）我还打算让学校工会每个月都能举行生日会，让所有教职工在生日时都能感受到学校对他们的关心。生日会或送上一份小礼物，或大家唱一首生日歌，或表演一个节目，让所有人畅所欲言，这样既交流了情感，增进了友谊，又可为所有教职员工减压，增加一个生活交流平台。生日会可以让所有的教职员工感受到学校大家庭的温暖，也可以增强集体的凝聚力。

（3）我们学校年纪大的教师比较多，专家引领是必不可少的。作为校长，我要多为教师的发展着想，可以多引进专家做培训，同时开展抱团活动，让老教师和新教师结对。老教师可以指导新教师教学，新教师可以教老教师电教技术，新老教师互相借力，互相取经，让所有的教师感受到集体的温暖。

三、以"双减"为则，"非遗"入课堂

在这一次学习当中，我们全体成员都做了关于"双减"方面的一个专题讲座。这一次精彩的专题沙龙讲座，以及在第二小学跟岗时的所学所悟均加深了我对"双减"的理解，我校随之也将有新的举措。

（一）"双减"工作"四箭"齐发，让百年老校焕发新的活力

学校本着"书院教育"的理念，活化200余年历史、古色古香的"九成书院"，以"学术创新、躬行实践"的"书院文化"，带领教师做好研究教材、研究课堂、研究作业、研究服务、研究共育等工作。

1. 一箭射向"立德树人"终极目标，让学生"学足学好"

学科教师从教学目标、学习材料、组织形式、课后练习"四个差异化"入手，围绕课前、课中和课后构建研学课堂，让学生"吃得饱"更"吃得好"；在课后服务中开展大头佛、醒狮、古筝、象棋、书法、国画、竖笛、篮球、编程机器人等社团活动，让学生乐享课后"优学"时光。

2.一箭射向"减负提质"时代呼唤，优化作业设计

学校推动学科教学"减负增趣提质"，加强作业管理与设计，将实践类、实验类、研究类、体验类作业科学有效地引入作业系统中，同时根据学生的不同学情和学习能力开展作业"配餐制"，为不同层次的学生创设不同的作业时空。

3.一箭射向"多维评价"有效手段，促进"五育"并举

学校开展"九成展采"争章活动，评价形式由书面走向现场，评价对象由个体走向群体，评价内容由学科走向综合，评价理念从单一到多元。

4.一箭射向"家校共育"必由之路，引领家长成长

学校统一制定家庭教育指南，在"双减"环境中让家长获得必备的教育方法，构建与学生成长相统一的家长成长体系，在学生不断成长的同时也能让家长获得成长。

"四箭"齐发，箭箭发力，构筑新桥小学全方位、立体化"双减"工作崭新局面。

（二）开发"双减"课程，使大头佛课程成为学校的名片

大头佛社团、醒狮武术社团、硬笔书法社团、韵竹古筝社团是我校打造"书院文化"的核心社团。其中大头佛社团课程的开展尤为亮眼，其内容融合文武要素、德育元素等，从形式上采用自主探究、动手制作、演练体验、分享演示等多种实施方法，课程难度根据学生的年龄特点和学习规律逐级提升。组建教师团队开发综合性课程，每位教师形成自己的课例，建立教师特色课程工作室，树立教师品牌，也使特色课程成为学校的名片。我校构建的不同年级的大头佛课程如下：

（1）一年级优秀大头佛平面陶泥（或黏土）手工艺课程。

（2）二年级优秀大头佛丙烯蛋壳彩绘手工艺课程。

（3）三年级优秀大头佛立体黏土手工艺课程。

（4）四年级优秀大头佛立体陶泥手工艺课程。

（5）五年级优秀大头佛传统纸扑手工艺课程。

（三）打造"书院文化"社团课程，提高学生的综合素质

"双减"政策落地后，我校更注重个性化课程的建设和实施，随之而来一系列的特色社团课程让精彩随时绽放。我们结合学校的实际与自身资源的开发与利用，充分挖掘"书院文化"资源，打造丰富多彩的社团课程，培养学生的自信心和兴趣特长，满足学生个性化、多元化发展需求，减轻学生的学业负担，在学生的个性特长方面添上了浓重的一笔，全面提高了学生的综合素质。

大头佛课程的实施让师生收获颇丰，我们不仅制作了水泥砂石版的大头佛模具、3D树脂打印大头佛版的"套娃"模具、黏土制作模具，还出品了不少的传统纸扑大头佛、平面与立体陶泥大头佛、黏土大头佛、大头佛碟画作品等。在"双减"政策下，非遗大头佛对于全面发展学生的综合素质有着重要的作用：

（1）通过开发大头佛文化资源，引导学生了解当下大头佛文化现状，进一步促进学生对传统习俗文化的传承，唤醒学生传承本土传统文化的意识。

（2）研发大头佛文化的校本课程让学生成为课程开发的参与者，在体验学习中形成直接经验，全面提升我校学生的综合素质。

"双减"政策出台后，我校秉承着"还孩子一个快乐的童年"的宗旨，着力将非遗元素融入个性化课程，坚持以促进学生全面发展为本，深化课堂教学改革，提高校内教育教学质量，完善课后服务，力图为学生提供更丰富而多元的选择，让学生在校内就能够得到优质的教育，充分满足学生的个性发展、差异发展、卓越发展要求，为学生成长导航。

陈丽玉校长跟岗学习心得也带给其他工作室成员一些启示。我们相信，在李悦新校长的微笑教育引领下，在与教育同行的切磋和交流中，

定能汲取更多的教育智慧，更好地引领师生共成长，助推学校高质量发展。

——广州市番禺区新桥小学副校长，工作室成员　陈丽玉

（二）异地走访

他山之石，可以攻玉，借力而为方能大有作为。异地走访活动主要是指我为成员搭建桥梁，使其通过走访各类名校进行实地考察和调研，感知名校的办学思想、办学理念及学校文化等，切实感受多元化特色学校的内涵，以及多元化办学情境与教育思想的碰撞，从而不断锤炼自己的教育观念和想法，淬炼出自己的教育思想精华。

异地走访包括名校访学、蹲点考察等多种形式。我每学期都会为成员创造条件提供一周左右的名校访学活动，并为成员安排蹲点学习机会，以学习该校的办学思路和管理经验。通过多所名校办学治校经验的学习，工作室成员领略到特色办学的强大魅力：在广州市从化区流溪小学参观了校园环境，观看了校史，探寻了伟人周恩来总理的足迹，感受到在陈志辉校长引领下的"博善教育"的独特魅力；在广州市黄埔区开元学校感受了"臻美文化"体系所带来的文化熏陶的力量，并就"指导小学部如何更好地开展德育工作"这一话题开展深入交流，学了如何更好地开展小学德育工作的策略和方法。

1. 赏臻美文化，析融乐育人

工作室为充分发挥工作室主持人的示范引领作用，推进学员高质量发展。2022年6月17日下午，广州市黄埔区李悦新名校长工作室团队专项研修活动在广州市黄埔区开元学校举行。

活动围绕"赏'臻美文化'，析融乐育人"这一主题，就校园建设以及德育文化建设这两大方面进行交流探讨。黄埔区李悦新名校长工作室成员、广州市黄埔区开元学校党总支书记、校长陈祖力及教师代表近30人线上线下共同参加了此次活动。

（1）参观活动：赏"臻美文化"

研修活动在赏"臻美文化"中拉开序幕，在陈祖力校长的陪同和指引下，成员们实地走访了学校的紫曦广场、臻美大道、晓畅阁、臻美·学吧、月亮湾、集泮楼等地，并观看了校园文化宣传片。

参观途中，陈祖力校长介绍"乾元资始，至善臻美"校训的丰富内涵："臻美"可引申为校园美、人文美、心灵美、健康美等，以契合开元12年学制的学子个性，使蒙童能认同"开元·臻美"，使懵懂少年学会"甄别美"，使风信年华者达至"开元·臻美"而为其代言。"至善"，即最高的善。为达到"至善"这一目标，我校从教育是善事、教育是善行、教育是善性三个维度培育入手，希望每一名开元学子都以"至善"为目标，身体至善、品格至善、知识至善、能力至善，从善至善，成人成才。"至善臻美"是育人工作的最终目标，也是道德追求的更高境界。

由武汉大学知名校友、武汉大学《珞珈赋》作者、广州市政协委员所作的《开元赋》、校歌《盛世开元书声琅》、宣传片《开元·臻美》等校园文化作品，以赋弘扬、以歌传唱、以影传达，助力开元学子聪颖睿智、积极行健、勤劳勇敢，由此开启元气满满的人生。

在元宝宝雕塑前，陈祖力校长表明此雕塑作品意在传达学校、师生均为社会的宝贝，希望社会各界多一份呵护，彼此之间也多一份关爱，助力元宝宝共生共长！

令成员们印象深刻的是，一副副构思精巧的对联成为开元文化的闪亮名片。陈校长表示，对联，虽只字片语，却既浓缩了前人智慧，又道破了人生真谛。例如"一方天井四壁书声养天地浩然正气，三千弟子八面来风锻家国赤胆情怀"。一方天井，四壁书声，莘莘学子在颇具雅趣的优美环境中学习新知，心无杂念地沉浸式学习，内外兼修、才德并懋，锻造出报效家国的赤诚忠心，胸怀驰骋天地的凌云壮志。

走过每一处楼宇建筑，工作室成员都能感受到开元追求"达臻美而至善"的德育理念：主道"臻美大道""至善大道"南北贯穿，"春萌路""夏清路""秋实路""冬暄路"4条校道托举而出，广场"紫曦""瀚星""乾元""资始"点缀其间；"文正楼"文采飞扬，正心守道；"融乐楼"融通师生，乐教乐学；"行健楼"行者运动，健者强壮；"其乐斋"博学蕴书香，"良膳坊"良心出良膳。

明亮整洁的校园环境，高端大气的千人礼堂"晓畅阁"，别具一格的建筑命名，内涵丰富的"臻美文化"，"五育"并举的初心使命等，都让工作室的成员们切身感受到广州市黄埔区开元学校内外兼修的高雅气质。开元学校致力于将德育工作与校园文化紧密结合，相互交融。通过楹联展示、歌赋诵读、楼宇命名等形式将德育见之日常，植入心底，让开元学子感受语言文字的魅力的同时，探索人生的真谛，从而达到育人且育心的目的。

（2）交流活动：析"融乐"育人

首先，陈祖力校长向各位介绍了开元学校"乾元资始，至善臻美"校训的含义，意为希望师生们能汲天地元气、正能量，资助、滋润自己的成长和发展，到达止于至善、至于臻美的目标，用心、精心、尽心打造"臻美"教育文化，为党育人、为国育才。

紧接着，德育处副主任赵越向工作室成员分享了自己的德育成果，并结合学校"臻美文化"重点解读了"融乐"育人。"融乐"，不仅是融合"师生之乐、智者之乐、仁者之乐"，而且融合"教、学、习、行、诵、咏、悟"之乐，其乐融融，把学校建设成为师生共同成长的快乐大本营。

在开元，"开元·大家"进校园、"开元·臻美"艺术节、"开元·行健"体育节、"开元·晓畅"语言节、"开元·匠心"科技节、"开元·戎威"军事训练营、"开元·融乐"游园会等一系列"臻美"品牌活动，唱响立德树人的"主旋律"——将社会主义核心价值观融入德育课堂、课外活动、校园文化建设全过程，育人效果持续增强。

继而，工作室成员、第二小学王唱主任以"聚焦主责主业，培育时代新人"为题，做少先队工作专题讲座。她结合自身实践成效，在少先队组织及队伍建设、教育引导活动、阵地建设、信息宣传及理论研究等方面，深入浅出地为成员们做了经验分享。她认为，学校的少先队工作需要调动资源优势，把活动落实到细处，全面培养合格的社会主义接班人。

（3）互动活动：德育诊断，自由讨论

工作室成员围绕开元"臻美文化"建设、德育及少先队工作如何开展等话题展开了积极的交流。以下是部分成员的心得：

开元学校让人印象深刻的一句话是"把不可能干得可能，把可能干得可敬"。学校的教师团队十分有冲劲，在明确的方向和深厚文化的引导和滋润下，学校的发展一定会步入快车道。

德育工作最终的对象是我们的孩子，应该以孩子的成长成才为导向，每一个德育活动需要与学校的文化紧密结合，文化要在每一次德育活动中起引领作用。

——李醒彬

开元学校很善于借助家长等社会力量，校家社协同努力。学校"元宝宝"文化让人印象深刻，学校赋予了师生家庭成员式的成长概念。

我们要避免说与做的不协调，无论德育工作还是少先队工作都要全面细致，落到实处。

——戴江静

开元学校的硬件基础十分雄厚，"软件"也是稳步发展。让人十分欣赏的是，学校很有耐心，让各方面的建设通过挖掘而慢慢成长起来。学校是赋能和创新的结合体，不能急于求成。

　　德育工作要发挥好家委会的优势，确保学校发展得到多方面的支持。另外，无论德育工作还是少先队工作都要未雨绸缪，提前做好计划才能有条不紊地落实。

——陈丽玉

　　赵元主任的汇报让我感受到开元团队的团结协助、层级管理的扎实细致，开元德育工作体现了主体性、生活化、体验感、和谐性4个特点。德育工作位列学校素质教育首位，贯穿于教育教学的各个环节。养成教育以培养学生良好的生活习惯、学习习惯、文明行为习惯及卫生意识、安全意识等为出发点，是学校德育工作的根本任务和主要内容，是德育工作的根本出发点和落脚点。

　　学校德育工作可再细致思考：如何以养成教育为德育工作的抓手，让"开元宝宝"更茁壮成长？如何使德育工作回归生活，促进德育生活化，构建"开元宝宝"道德认知体系？

——广州开发区第二小学副校长　黄莹

　　听了第二小学王主任的分享，我领略了少先队在政策与学校引领下制定的高规格目标如何有层次地落实及其取得接地气的成果，为第二小学和王主任点赞。最后李校长真诚、毫无保留地将自己在学校管理的宝贵经验进行了分享，给了我很多的启发，特别是李校长强调的"顶层设计统领学校工作，德育就是教孩子做人"让我印象深刻。总之，李悦新省名校长工作室组织的每一次学习都让我们满载而归。

——广州市花都区新华七小副校长　江雪华

　　开元学校美丽如画的校园、和蔼亲切的老师、活泼可爱的"元宝宝"、乐于奉献的家委和丰富多彩的课程等给我留下了很深的印象，让我深刻感受到"臻美文化"是那般有魅力。特别是赵老师的那句"把不可能变成可能，把可能变成可敬"更是深深地触动了我。

在教学中，我们或许会碰到一些困惑甚至困难；在家校沟通中，我们或许得不到一些家长的理解和支持；在师生关系中，或许有些宝宝比较顽劣，但只要像开元人一样拥有"用手做、用脑做、用心做"的踏实品质，拥有团结奋进、开拓进取的创新精神，拥有对教育事业的满腔热情，那么一切皆有可能！

王唱老师的大队部工作分享，通过图片和视频我感受到第二小学队部工作的规范有序，扎实创新，"乐乐章"的设计、各项活动的开展让人耳目一新，素质教育在第二小学"微笑"，第二小学的乐乐们在"微笑"。

——广州市黄埔区香雪小学主任　廖菊梅

通过本次学习，我明确了德育方向和具体措施，学习了如何通过活动培养学生良好行为。行为表现思想，思想达成做人！听了广州市黄埔区开元学校赵越主任的德育工作报告"以学生的需要为出发点，以家长的需要为出发点，以教师的需要为出发点的'元宝宝'生本教育理念，调动家长智囊团参与学校德育工作"，我感受到了开元是一个具有人情温度、思想高度的集体。

听了第二小学王主任的少先队工作讲座之后，我受益匪浅。学校从理解文件开始贯彻指导思想，在策划方案、营造氛围、活动实施、活动总结等一系列完整的德育体系中形成德育育人、科学达育。该体系可借鉴可操作，是非常实效的方法。

——广州市黄埔区禾丰小学主任　罗利稳

（4）总结活动：德育行动非一朝一夕，方案落地要"一针见血"

我在总结中表示，这些年来，我国学校德育工作普遍存在如下问题：

一是德育工作泛化：什么都要管，但不知道管什么；什么都要管，但不知道找谁管。

二是德育工作浮化：什么都管了，什么都没管好，疲于应付，工作最累却不见成绩。

三是德育工作虚化：工作做了却做不实，打了很多口井却不见水。

四是德育工作淡化："五育"并举，德育为重，但事实上从上到下都不够重视，缺少指导，缺少交流，缺少分享。

但是，广州市黄埔区开元学校在校园建设、人文精神、未来愿景等方面的设计别具匠心。开元"臻美文化"需要明确与二中文化的关系，"臻美文化"是如何传承、如何移植演变的？臻美德育的理念是什么？臻美德育的推进措施是什么？这些都需要有系统的臻美德育行动计划。

校园管理和德育工作的开展不是一朝一夕的事情，在方案落地上要"一针见血"。

"千里不辞行路远，时光早晚到天涯。"德育工作要立足于回答好习近平总书记提出的"为谁培养人、怎样培养人、培养什么人"这一根本问题。新时代，新使命，新德育，新征程，始终将落实立德树人作为根本任务，为莘莘学子打下最宝贵的人生底色，让他们在大有可为的时代里有所作为！

2. 赢在责任心，胜在执行力

2022年9月17—18日，虽然刚开学的半个多月学校事务繁多，但工作室学员周末也不闲着，我带着他们积极走访、参观学校，组织培训，工作室出现"周末人不闲，培训学习忙充电"的景象。

为了提升工作室学员在各自教育教学岗位的领导力、执行力，推进学员高质量发展，我特地组织学员深度参与了"赢在责任心，胜在执行力——2022年广州开发区第二小学行政骨干教师培训活动"。本次培训内容包括：参观番禺区天誉小学校园文化建设并聆听崔丽珊校长及其行政团队专题分享，邀请东莞市麻涌镇大步实验小学杨秋霆校长及其团队做"'五育'并举促'双减'"讲座，集团内训部分行政代表结合自己的实际工作谈困惑及创新，共同聚焦思考，助推学校管理的内涵发展。

（1）实地参观，深入交流

9月17日上午9：00，工作室学员及集团行政骨干教师抵达广州市番禺区天誉小学参观、学习、交流。踏入校园，随处可见校园文化的巧妙设计，处处彰显其"教天地人事，育至善生命"的办学理念，在崔丽珊校长的带领下，大家参观了内涵丰富的科技广场，含有醒狮元素的书吧，充满人文关怀的妈咪小屋、教工之家，为孩子提供多种选择的武术室、书法室、陶艺室、畅游室、蝴蝶园、功能多样的小彩蝶农田、电视台，更有让人眼前一亮的模拟生态创客室、以红色文化为主题的党建长廊等。物尽其用、别具匠心的场室设计，小到各不相同的钟表，大到一场多用的巧妙布局，都让到场人员赞叹不已。

随后，崔校长以五个视频串联起从2016年建校伊始的艰辛到现在学校基础建设、文化建设、家校合作和课程建设等多方面的探索与成就。

负责宣传工作的何雅晴老师以"热爱，可抵岁月漫长"为题，以"过关""遇见""感谢"三个关键词讲述自己如何成为一名孩子喜欢、家长信任的老师；由保健员身份入校的黄杏婷老师，因虚心细致做事最后进入教师队伍，她的心得是"以不变之心应万变之事"；愿意尝试新鲜事物、快速成长的教学负责人高洪丹老师特别感恩学校给予机会锻炼，她以自己的成长告诉大家"一切都是最好的安排"，机遇即是挑战，你做三四月的事，在八九月自有答案。

崔校长还分享了立足学校本身，挖掘后亚运时代的体育精神，渗透生命教育，最终形成学校的特色；讲述了帮助一名孤独症儿童融入集体的温暖故事；介绍了充满活力的行政建设，不忘初心、勇担使命、砥砺奋进的团队，充满创新与活力的教师队伍……

天誉小学全方位的呈现和教师们的分享无一不让工作室学员受益匪浅，感触良多！

（2）讲座提升，深探"双减"

17日下午，东莞市麻涌镇大步实验小学校长杨秋霆为大家带来了""五育'并举促'双减'"专题讲座。他提出，学校应该引导建立正确的教育生态，要以家庭教育为基础、以学校教育为主导、以社会教育为补充。在教学中，教师要做到聚焦课堂，从教研、课堂、评价、作业、课后服务等方面展开，培养学生综合素养，有理论也有经验分享。结合学校学科教学、教师专业成长、学生评价（由单一评价转换为多元多维的综合评价）、学校管理质量提升等问题，杨校长都提出了建设性意见。

他还指出了"双减"至今，学校、教师共同面对困境与困惑，希望大家从自身开始提高思想认识，理解"双减"是国之大策、党之大计，即使是小学教师也要有家国情怀，做教育的"大先生"。

袁笑珍主任更是带来了"信息引领发展，智慧推动教育"的讲座，数学科组长蒋燕君老师讲述了自己在学校的引领下，从一点一滴量的进步积累，到一年拿50多项奖质的跨越。

实验小学将信息素养融入日常教学，打造高品质课堂，其实用性与前瞻性的内容及如何提升自我内驱力的分享值得工作室每一名学员深思。

（3）聚焦困惑，群力创新

18日上午，我带工作室学员参与了集团内训观摩。

教学处曾海清主任带着李校"工作要做细"和邓校"问题解决意识"的嘱托，从小处着手，站在班主任的角度，为了托管有序、安全地进行，边学边做，指令清晰。少先队梁萍主任明晰了要落实少先队的主责主业，就应引导激励少先队员明白红领巾的神圣意义，遵守礼仪规范。在学生安全方面，陈锋主任事无巨细地提出争安全章的想法，帮孩子们更好地树立安全意识。李娟校长更是立足学校大发展，想办法举例子帮教师们落实学校课程建设。

最后，我细致地解答了教师们提出的困惑，让工作室学员体会到看待问题是多维度的，提高执行力是讲究方式方法的，处理问题是有智慧的。我进一步指出，学员要有效汇报工作，应做好预案，说明原因；在布置工作时不只想周全、讲清楚、给标准，还要有检查、有反馈，出现问题共同想办法，一起面对。每个人的经历不同，所处的环境不同，在多年的工作中，大家已经形成了自己的工作方法，不能简单地复制别人的方法，而要靠自己去感悟，去总结提升。

（4）仰取俯拾，学员心得

心理学家麦基说："一个人相信什么，他未来的人生就会靠近什么。你相信什么，才能看见什么。你看见什么，才能拥抱什么。你拥抱什么，才能成为什么。"加入李悦新名校长工作室以来，我跟着师父学到了很多，不仅开阔了眼界，也见证了许多优秀教育工作者的奋斗成果。世界上没有那么多的天赋异禀，只有努力翻山越岭的身影。我们要保持终身学习的理念，从细微处学习，严谨做事，善于思考。本次培训有序的组织和充实的内容都令人印象深刻，更是见证了第二小学团队的高效友爱和踏实务实。李校长手把手的指导，设身处地的指教，鞭辟入里的分析，让我们每一位学员都感受到李校长的大爱，他时刻操心学生、关爱老师、追求从教育本质看问题等点点滴滴都值得我们认真学习。

——广州市黄埔区开元学校德育副主任　赵越

有人说，假设你非常热爱工作，那你的生活就是天堂；假设你非常讨厌工作，你的生活就是地狱。一个对自己工作充满激情的人，他会认为自己所从事的工作是世界上最神圣、最崇高的。无论工作的困难多么大，或是质量要求多么高，他都会一丝不苟、不急不躁地去完成它。

番禺区天誉小学崔丽珊校长给我们展示了热爱教育的那份真诚、那份魄力、那份激情……在崔校及其行政团队的分享中，我们了解到天誉小学刚开办时遇到了种种困难，现在却得到了家长、社会的认可，其中的艰辛不足为人道。正是这支年轻的队伍有着极强的执行力、向心力、向上力，才能取得现在的成绩！

东莞市麻涌镇大步实验小学杨秋霆校长引领我们探索学校"双减"工作如何做得更有效、更扎实。袁笑珍副主任、蒋燕君老师的分享向我们展示了近两年来学校获得的丰硕成果以及个人的快速成长都离不开高效的执行力，让我们感受到大步实验小学努力超越、追求卓越的坚定，以及理性务实的态度和力求完美的精神。

第二小学行政团队"微笑引领，打造高效能教师团队"的分享，让我深刻地认识到执行力和执行能力在工作中的运用是多么重要。正如李悦新校长所说：要想执行到位，团队核心及层级管理很重要，学校的行政团队要始终牢记，提升执行力是团队成功的关键。

通过本次培训，我对提升团队执行力有了新的感悟，相信通过一段时间的消化、实践，我校的团队管理能力会有更大的提升。

——广州开发区第二小学副校长　黄莹

2022年9月17—18日我参加了广东省李悦新各校长工作室"赢在责任心，胜在执行力"培训。听了李校长的讲座我收获甚多，受益匪浅。我深刻体会到作为学校的中层干部，接到工作任务时首先要深刻地解读文件的精神，按文件的要求全面思考问题，做到严谨、细致、周详地提出两个解决方案，并说清楚两个方案的利弊，让学校领导做出决策，然后尽可能详细地布置工作，包括完成工作的时间节点及工作要求。工作布置下去之后，我们一定要检查落实情况，在落实过程当中如出现问题一定要在规定的时间内整改，整改好之后做好验收。一项工作或者活动结束之后，我们要写总结反馈，好的方面分点罗列出来，需要注意的方面也分点列出来，避免在下一次的工作当中犯同样的错误。极力表扬做得好的教师，以好的教师为榜样，起带头作用的教师要树典型，让做得好的、有经验的、积极的教师带动其他需要努力的教师。希望我们学员学到如此实用的团队管理方法之后，能够在自己的工作当中好好实践。我听了李校长的讲话才真正地体会到何谓在巨人的肩膀上前进。感恩遇见您，感谢我的恩师。

——广州市黄埔区禾丰小学德育主任　罗利稳

有幸走进美丽的番禺区天誉小学，我感受最深的就是，学校关于生命教育的思考与实践。学校从刚建校的艰难，到一点点地解决问题、摸索、发展，仅通过短短六年的耕耘，就成为一所受到各界认可的学校。点点滴滴汇聚的成长之路一定是艰辛的，但让我感到更多的是感动和收获。崔校介绍了刚刚毕业的一个孤独症孩子，经过学校六年的改变和影响，最终她融入集体，而这一温暖的故事成了学校育至善生命的成功案例。

三尺讲台系国运，一生秉烛铸民魂。作为学校团队成员，我们要团结奋进，敢于担当，勇于创新和实干，感受至善的生命，培育至善的少年！

——广州开发区第二小学德育主任　王唱

3. 深耕厚植，笃行致远

2023年5月14—16日，工作室联合研修活动在深圳、珠海、广州三地进行。14日，工作室成员一起前往深圳翠竹外国语实验学校参观学习。首先由孙丹婷主任带领工作室成员参观校园，孙主任介绍了学校文化建设，然后由孔文东校长介绍翠竹学校办学特色，最后由赵升龙主任做题为"'翠竹节节高'可视化学生综合素质评价"的讲座。成员在参观和交流分享中开阔了眼界，提升了格局。

15日，我带领工作室成员前往珠海金湾区第一小学参观学习。活动首先由李湘云校长带领大家参观校园，李校长介绍了学校文化建设，接着进行专题讲座，大家进一步了解了金湾一小的办学特色。

工作室成员还参观了珠海市金湾区小林实验小学，聆听了曾小燕校长分享的"'树人'管理体系"经验。珠海市教育局思政科原科长同大家分享了"五维空间法促进学校的整体发展"讲座，大家无不感叹其高瞻远瞩的视野和学校精细化的管理系统。

16日，我带领工作室成员前往广东实验中学（云城校区）参观学习，广东省名校长工作室主持人柯中明校长介绍了学校的办学特色并做了专题讲座。

参与本次研修的学员来自粤东、粤西、粤北地区和珠三角地区工作室，有廉江市石岭镇中山小学校长龙梓川、广州市从化区良口镇第二小学校长李醒彬、广州市番禺区新桥小学副校长陈丽玉、清远市清新区第五小学副校长刘群娣、广州开发区第二小学副校长邓羡华及朱建东老师，还有广州市黄埔区开元学校赵越主任和广州市黄埔区禾丰小学罗利稳主任。

当初他们都怀揣着对教育的热忱和求索的精神走进工作室。学员陈丽玉校长说："每一次学习都收获满满，这次更是得到大幅度提升。所见所闻和所学所思将有助于我进一步挖掘学校办学特色，提升办学内涵，引领品牌建设，构建教育新生态，赋能学校高质量发展。"

区工作室学员、广州市黄埔区禾丰小学德育处主任罗利稳说："一次次参观学校和聆听讲座，让我打开了眼界，放大了格局，更新了观念，对工作生活更有信心了。"

6天5夜风雨兼程，工作室成员参观了4所学校，聆听了10多场讲座，开展了多次交流，从教育教学、师资管理、学生培养到家校合作、社会实践……这一段学习旅程不仅是求真、向善、尚美的探索，还是持续学习、思考、务实的践行，更是不懈追求、改进和创新的超越。学员们感悟到教育真谛，在总结中反思，在反思中提炼，在提炼中精进。

（三）互助问诊

独行者速，众行者远。优秀校长需要具备精准发现问题、解决问题的能力，这体现在优秀的自我诊断和他校诊断能力中。每学期工作室会开展校际互助问诊活动，工作室全体成员会深入一所成员校，听取该校校长对学校的办学汇报，参与研讨，提供诊断，共同帮助成员校梳理办学中的主要问题，并为其找准发展方向，制定切实的整改方案。

在进行校际互访问诊期间，工作室成员均需承担至少一次问诊活动策划、学校发展问题整理汇报、学校发展问题解决策略汇总提交等工作。互助问诊活动凝聚了工作室的团队合力，使各成员在观摩学习、诊断把脉、深度剖析中，提升了精准发现问题、解决办学治校过程中具体问题的能力，拓宽了教育视域，加快了成长速度。

为深入分析成员校的教育教学现状，提升学校办学品质，共享教育智慧，在工作室主持人的带领下，工作室一行先后走进工作室成员校——广州市从化区良口镇第二小学、广州市番禺区新桥小学、清远市清新区第五小学、吴川市梅菉中心小学、廉江市石岭镇中山小学，开展"实地考察，把脉问诊式"校际调研交流活动。

诊断活动安排紧凑、务实、高效。成员通过参观校园、听取汇报、进班听课、观摩特色活动、把脉问诊、座谈交流等方式，多维度、多视角了解每所学校的办学情况，诊断学校育人实效，挖掘真实问题，给出诊断意见，围绕良口镇第二小学"竹文化"、新桥小学"书院文化"、清新区第五小学"敬贤文化"、梅菉中心小学"自然文化"、石岭镇中山小学"梦想文化"，深入挖掘学校品牌特色，帮助各校寻得适切对策，进而有效破解各校的教育难题。

在广州市从化区良口镇第二小学开展入校诊断活动中，成员通过参观校园、听取校长汇报、进课堂听课、跟行政团队交谈等方式，在现场调研的基础上，帮助学校做好梳理与诊断，给出诊断意见及建议，助推学校教育高质量发展。在我和华南师范大学钟罗金博士的指导下，工作室成员对调研情况展开分析、诊断。成员们积极发言、建言献策，结合学校发展瓶颈及困惑，针对课堂教学、中层执行力、教师专业发展、学校安全管理以及家校沟通等方面给出建议。

在广大附中高新区实验学校，工作室成员指导学校办学工作，开展基于学校办学实践的现场把脉与诊断，一一对学校办学情况进行点评，一致赞赏学校的精细化管理，建议学校建立美的课程体系。

(四) 学员感悟

广东省李悦新名校长工作室集中研修暨校际交流活动，5天5所学校，日夜兼程，风雨无阻。从广州到粤西，从乡镇小学到百年名校，5所学校形态各异、各有千秋。有历史和现代，有非遗和科技，有历史沉淀和现代产物，有书院文化和"敬贤"教育，教育的多元化在5所学校体现得淋漓尽致，让我深深感受到教育的力量无处不在，文明的方式虽各有不同，但都正本溯源，不忘初心。学校无论选择哪种教育生态，要想枝繁叶茂，都必须根深蒂固。教育的过程是寻根的过程，寻学生的根，寻课程的根，寻学校的根，寻文化的根。向下扎根，向上生长，从根出发才能滋养生命，从根出发才能守望花开，从根出发才能硕果累累！

——广州市从化区良口镇第二小学校长　李醒彬

一次"痛并快乐"的研修交流活动，历时5天，往返逾千公里，跨越3座城市，参访5所学校。李悦新校长作为名校长主持人，他特别希望我们能通过活动增长见识，打开思维格局，提升思辨能力，看待问题更加多元化。我们看到了中国土地上不同的教育形态，既有高大上的科技元素鲜明的现代学校，也有教室极其简陋，操场是泥地的乡村小学，还有拥挤不堪、场地不足、超班额的城镇学校。5所学校理念各有特色，无论是凸显传统文化，还是以科技为引领；无论是朴实的课堂，还是在课改中努力创新的课堂，大家都在努力让传统中有创新、创新中有守拙，各有其美，美美与共。无论什么教育形态下的学校，我们都看到了教育者的力量，他们努力践行，守护教育，为孩子的未来负重前行。

——广州市黄埔区文冲小学校长　戴江静

9月26—30日，我们在李悦新校长和何池歆院长的带领下，开展了5天集中研修暨校际交流活动。李悦新校长和何池歆院长他俩独到的见解和精准的指引，让交流学校赞赏，更让我佩服，使我的办学管理理念跃上了一个新台阶，转变了我的管理思维。走访的5所学校，其教育资源的差距冲击我的内心，我不断揣摩李悦新校长的话，明白了虽有教育情怀，但只埋头苦干是不可能很好地发展农村教育、传播文明的。要像何池歆院长所说，走具有自己特色的教学路子。具体怎样操作实施有待我们自己去挖掘了。在李悦新校长的带领下，我们会走得更远，会走出有自己特色的教育之路。

——广东省廉江市石岭镇中山小学校长　龙梓川

一眨眼，为期5天的交流活动已经结束。在这5天里，我感触很深，收获满满。收获最大的是跟岗第4天，师父李悦新对我说："你总想通过工作室的学习提高学校的教学工作质量，这个出发点是好的。但是，你所参加的工作室是省级名校长工作室，你们的定位是成长为名校长，而不是名教师。因此，你的眼光应该更开阔，站位应该更高。要从学校顶层角度去看问题，寻找解决的办法，引领学校向特色化、高质量发展……"

师父的话引发了我的深思。的确，一直以来，我都把眼光放在自己负责的教学这一块，只想着把教学质量抓好就万事大吉了，从一开始我的定位就有偏差。现在我豁然开朗了，我对自己进行了重新定位，在接下来的成长中，我也尽量从校长的角度去思考、去践行……感谢师父的指导！相信有李悦新校长的专业引领，有各位优秀校长同伴的帮助，我坚持努力，必定会一天比一天好！

——广东省清远市清新区第五小学副校长　刘群娣

走进5所不同特色的学校，感受不同的教育形态，累并快乐着。这次活动不但让我看到了"高大上"的清远清新第五小学，还看到了"小班额"的廉江市石岭镇中山小学、向空中发展的吴川市梅菉中心小学和绝地逢生的湛江市遂溪县遂城第三小学，这不禁让我对学校的形态产生了新的思考。作为一所农村小学的副校长能参加这样的活动，我真的是受益匪浅。此次校际交流活动具有开放式的特点，其中有专家的专题讲座、名校长的经验介绍、成员学校的参观诊断、学校特色活动展示、学科课堂研讨课、行政班子的汇报等，形式多样，既有理论的学习指导，又有实践的积累，还有与专家、成员、学校管理者的互动解困，让我真正领悟到作为一名新时期的校长应有的新理念、新思想。

——广州市番禺区新桥小学副校长　陈丽玉

在为期5天的学习中，在工作室顾问广州市智库教育学院院长何池歇的理论指导和开发区第二小学李悦新校长的实践指导下，我增长了管理专业知识，提高了教科研能力，树立了以课堂为中心的质量意识，以丰富多彩的活动促进学生全面发展，从而拓展了我的工作思路，提高了我的管理能力，也为我注入了工作热情和动力。

通过这次学习，我有了新的构想：把学校"自然就是美"的办学理念与第二小学的微笑教育理念进行融合，为学校的持续发展打下坚实的基础。

——广东省吴川市梅菉中心小学副校长　杨波

四、构建共享辐射的中心——示范引领，成就区域

水尝无华，相荡乃成兴涟漪；石本无火，相击而发灵光。

由我发起主题，各成员用心研讨，精心准备，全员进行头脑风暴。经受过碰撞的智慧更经得起实践的考验，集体凝练出的智慧更能凸显实践的真知，解构出教育的多元之美。围绕"立德树人"根本任务，我本着"智慧共融、协同共进"的原则，形成了指向名校长培养和学校特色发展的实践导向的学习共同体模式，建立起优质资源共享的开放性交流平台，并培育多方共赢的发展共同体，促进每一所工作室成员校的健康、快速、可持续发展，从而引领辐射区域教育的发展。

（一）共享交流

一方面，我无条件地向成员共享工作室的全部资源，帮助成员校实现长足发展。另一方面，我想方设法给予成员各种历练、展示自我的机会，促进成员深度领悟所学、所见，并将其内化为自己的教育思想。例如，在开展各种研修、实践活动中，我以校长论坛、微讲座、主题汇报、成果展示等形式为成员提供交流展示的机会，并帮助成员及时发现自己的优缺点，为其提供相应的指引帮助。此外，我每年均会选取一个专题，筹办一到两次区域内学校管理专题论坛活动或学校管理经验交流活动，与会人员均可做专题发言或典型案例介绍，以此促进工作室成员梳理相关工作、整理归纳教育思想，为区域学校校长之间的经验交流与资源共享搭建桥梁。

为帮助工作室成员在现实情境中积累典型办学经验，提升有效解决问题的学校管理力，在我的全程深度指导下，工作室成员参加了校际互访交流活动。在前期调研的基础上，我根据成员的真实反馈，结合各成员校及帮扶校的实际困惑，围绕课程建设、课堂教学、教师发展、校园文化、作业设计5个方面，在5所学校依次开展了以"非遗特色课程建

设""立足核心素养，提升课堂教学能力""构建高效课堂与教师专业成长""提高教师职业素养，营造乐教善教校园"" '双减'之下，作业优化设计"五大主题交流活动。以主题为牵引，通过专家引领，我指导成员在活动前把学校管理实践层面的理性思考功课做足，并结合学校实际问题，让各位成员自主设立交流主题，以成员及其所在学校的真实问题为导向进行办学诊断及主题交流，调动成员的参与热情。各位成员全身心沉浸其间，积极思索解决对策并进行主题分享，真实有效地提升了大家的办学治校内功。

主题一：非遗特色课程建设

主题二：立足核心素养，提升课堂教学能力

主题三：构建高效课堂与教师专业成长

主题四：提高教师职业素养，营造乐教善教校园

主题五："双减"之下，作业优化设计

在"'双减'政策下，课堂教学如何提质增效"的主题论坛活动中，学员从课堂教学、提问艺术、单元整合、作业设计、家校合力等方面深入探讨交流，思维共碰撞，灵感齐迸发，力求在各项教育教学常规中寻求新突破，助力课堂，为进一步优化教学提质增效。

2022年5月26日上午，工作室举行了2022年广东省及黄埔区李悦新名校长工作室团队专项研修暨"课程文化引领发展"主题论坛活动。活动围绕"课程文化引领发展"这一主题，并聚焦学校节日课程文化以及班级文化建设这两大方面进行交流探讨，近50位工作室网络学员在线参与。

活动第一环节是广州开发区第二小学教育集团北校区"了解世界，微笑启航"英语节开幕式。此次英语节北校区师生全员参与，开幕式上，师生们用生动、有趣的活动形式说英语、用英语，感受学习英语的乐趣。

接着第二小学梁施施老师开展了特色班级文化建设专题讲座"一班

一世界"。她结合自己班级文化建设的成效特点，解读了班级文化建设的重点和意义。教室的布局，不仅是简单的物品配备，也不仅是统一的整洁美观，小小教室传达的空间物语，是教育哲学的物化体现，是教育理念的空间载体，是对教育行为的无声解读。梁施施老师解读了一间教室中最有意义、最有价值、最宝贵的物品，还介绍了班级文化中的逐日币的运用。

我对省工作室成员线上线下分享研修收获及节日课程和特色班级文化建设方面的思考进行了汇总，以下为部分学员的心得分享：

我作为广东省李悦新名校长工作室成员，通过云端线上的视角，欣赏了广东开发区第二小学师生精彩纷呈的节目表演，我觉得这是第二小学实施"五育"并举的最好体现。同时聆听了逐日中队梁老师的班级文化介绍，我对节日课程和班级文化有了更深的理解。节日课程应该融入日常的学校课程体系中，并逐步形成校本教材。第二小学在近几年的教学中已经形成了"一班一世界，一校一文化"班级文化建设和节日课程建设格局。在以后的办学中，我们可以考虑把两者进行完美的结合，形成"一班一文化、一校一世界"的新格局。

——广州市从化区良口镇第二小学校长　李醒彬

在"特色班级文化建设"专题讲座上，梁施施老师结合自己班级文化建设的成效、特点，解读了班级文化建设的重点和意义所在。我从中明白了班级文化建设的三个功能：德育功能、美育功能、实践功能。

班级文化建设和各种活动的开展以及学生的全员参与，为学生的成长、融入社会打下了基础。梁施施老师班级文化中的逐日币的运用：需要货币→获取货币→使用货币，就是班级日常构成的一个体系，也是今后人生路的缩小版。

——广东省廉江市石岭镇中山小学校长　龙梓川

班级是每个学生在校生活的"家"。加强班级文化建设，营造积极、健康向上的班级文化氛围，已成为我们提高班级管理水平和促进学生发展的一个重要举措。

听了第二小学梁老师班级文化建设专题讲座，我对班级文化建设有了新的认识。班级文化建设分为四大板块，分别是精神文化建设、制度文化建设、环境文化建设和活动文化建设。只有注重家校联合以及有效地与家长沟通、交流，才能达到促进教育的目的。

——广东省吴川市梅箓中心小学副校长　杨波

第二小学的英语节日课程很好地融合了英语学科应知应会的各种技能，孩子全员参与，真正地将学科内容融入孩子的日常生活中，为孩子创造了浸入式英语环境。第二小学这样的节日课程为孩子提供了理解知识的途径，值得我们认真学习借鉴。

走进第二小学，校园文化与班级文化惊艳到了我。每一处细节都从孩子的需求出发，处处充满了微笑的理念，小到大队委的竞聘卡片，大到墙壁上的照片，孩子们的笑脸真实诠释了他们对学校的热爱。

梁老师的讲座更是干货满满，从中队名开始，逐步让孩子们理解自己班级的独一无二，从外在的装饰到内在的精神，真正做到班级文化深入人心，精神信念激发班级文化生命力。在班级管理中，梁老师专注做事，既有办法又善于思考，能从一则故事入手，借助其他老师和家委的力量，逐步将代币制很好地应用到班级管理中，在这样的环境中，孩子们的财商、情商和生活能力都会得到锻炼。这充分证明了：生活处处皆学问，学以致用见真章。

——广州市黄埔区开元学校德育主任　赵越

第二小学的班级文化建设实现了三方面的提升：由整洁的统一美提升为内涵、和谐的系统美，由物象化提升为人文化，由特色化提升为灵魂化，真正做到了以"班级文化"化人，以"精神信念"激发班级文化生命力。

第二小学的各大节日课程做到了师生及家长共同微笑着，教育着，幸福着，将知识在班级里、校园里、生活里运用开来。师生全员参与"用起来"，大部分学生体验"演起来"，半数达人自信"秀起来"，让孩子们在小学时光成长为越来越棒的自己，毕业后更快遇见更好的自己，长大后迎接幸福、微笑的人生。

——广州市黄埔区玉鸣小学副校长　吴美玲

"班级文化建设"主题活动让我印象很深。参观班级给我的感受是：太美了！从整体布局到色彩搭配再到主题选择，第二小学的领导和老师特别有想法，班级文化建设充分展现了"班级精神文化"。所以，第二小学班级文化建设对教育人、熏陶人、培养人、发展人的作用很大，特别值得我们学习。

如何建设班级文化？我有3点想法：创设优美的班级环境、深入人心的理念植入、发挥家长的力量。如果家长积极参与其中，班级文化营造效果就特别好。

——广大附中高新区实验学校原校长　戴江静

快乐英语节开幕式"与您相约"这个活动让我印象最深刻，其中一个节目是孩子们用英语来演中国古诗，再用中文诵读。这样的形式既创新又吸引观众眼球，很好地体现了现在课程改革的要求：把传统文化融入课程，既可以激发学生学习英语的兴趣，又可以培养学生的创新精神和实践能力。

我们也想结合传统节日，把传统文化用创新的形式表现出来。例如，我们学校的九成书院是我们学校得天独厚的资源，学校可以充分利用它进行传统文化教育。第一，学校可以举办小导游的活动，让学生用中英文来介绍九成书院的各个部分和它的历史。第二，学校可以开展丰富多彩的非遗进校园活动，如我们学校的醒狮活动和大头佛的制作是我们的特色活动，也是非遗活动，可以让学生先用英文来介绍，再用中文来翻译。第三，学校可以举行三字经的英语诵读比赛等。

——广州市番禺区新桥小学副校长　陈丽玉

让我印象最深的是快乐英语开幕式。老师和孩子们用生动、有趣的活动形式说英语、用英语，这让我很受启发。原来英语还可以这么有趣！我们也可以用这些形式和方法，开展多种有趣、有效的英语活动来提升孩子们学习英语的兴趣！

接着是"课程文化引领发展"主题论坛活动。活动以第二小学梁施施老师的特色班级文化建设主题讲座为序幕，开启了课程文化引领发展下的两个议题："班级文化建设"和"节日课程"。在活动中，学员们各抒己见，围绕班级文化建设和节日课程的开发和实施表达了自己的见解。

最后是师父李悦新的总结分享，让我收获满满。

——广东省清远市清新区第五小学副校长　刘群娣

我设置的"课程文化引领发展"主题论坛活动，就是让工作室成员围绕主题，聚焦学校节日课程文化以及班级文化建设这两大方面。

节日课程全方位育人，培养全面发展的人，那么我们的节日课程要做什么？

节日课程不是以展示为主，而是考虑要让全员参与进来，要让孩子全方面发展。班级文化建设类似于学校的顶层设计，班级的品牌文化可以更好地让班级产生凝聚力，让孩子增强自豪感，树立自信心，拥有积极向上的价值追求，绽放最好的自己。

节日课程是立体的。第二小学的节日课程由原来的节日活动演变而来，像是从几何图形变为立体图形。虽是英语节，但是学校所有学科都参与，围绕着英语节的主题，让学生了解世界，微笑起航。英语节让学生更好地知道，学习英语绝对不仅是用来应付考试的，更是用来了解这个世界，让自己更好地适应未来。

通过交流，各成员意识到，校长不仅要有想法、有思考、有持续性建设的观念，而且要让教师、家长和孩子都参与进来，让班级文化中的一些显性文化能够在他们的参与下绽放光彩。

共享交流进一步提升了学员的课程领导力，助推学员校高质量发展。

（二）示范帮扶

工作室成立之初就招募了50位来自省内多所学校的网络成员，并尽量优先考虑粤北、粤东、粤西的学校，尽可能帮扶省内更薄弱的学校。同时，为推进基础教育优质、均衡及协调发展，办好人民满意的教育，工作室发挥示范、引领和辐射作用，积极开展对口帮扶活动，通过帮扶活动助推工作室成员快速成长，培养具有较强社会影响力的智慧型校长，促进城乡基础教育转型发展。

2023年5月，工作室一行深入湛江市遂溪县遂城第三小学开展帮扶活动，工作室成员与遂城第三小学就学校办学、课堂教学、课程建设、师资建设、德育、课题研究等多方面进行了交流探讨，为其学校发展拓宽了思路，注入了活力。

学员们通过参观校园、观摩课堂、听取学校汇报、行政团队座谈交流等活动进行调研诊断，指导遂溪三小挖掘自身优势，制订发展规划，提升办学品质。我充分肯定了学校在办学、管理、师资、文化等方面取得的成绩，尤其是郑伍校长还有半年就退休了，但务实低调的他具有极强的人格魅力及号召力，在办学经费紧张的情况下，仍想方设法在短短3年内让学校环境有了大的改善，教学质量从县倒数提升至前3名，是极有教育情怀及魄力的优秀校长。

成员们建议学校在综合考虑自身省绿色学校、课堂教学改革较成熟以及教师团队务实肯干、凝聚力强的优势下，应结合教师老龄化严重、艺术教育起步低等情况，进一步完善学校教育教学管理机制，提升行政班子的管理水平，同时加大德育主题活动及艺术教育方面的力度，更好地推动遂溪三小均衡、优质、高质量发展。

2022年9月，我派出学校的区美术骨干教师李慧勤及数学学科谭友诚老师到遂溪三小支教一年。遂溪三小郑伍校长对李慧勤及谭友诚两位老师均赞赏有加，称赞李老师很优秀，专业素养好，带动学校艺术组取得很大的进步。谭老师虽年轻，但专业素养很不错，肯干、有担当。因学校需要，需临时把他从二年级调至五年级任教，他毫不犹豫地就答应了。两位支教老师充分展现了第二小学教师的责任、担当和大爱。

五、我的感悟：逆水行舟，奋楫笃行

为了形成有效的网络对话和交流展示平台，工作室开通了"李悦新名校长工作室"微信公众号，使区域学校和社会全面、及时了解工作室的动态、工作室成员的研究成果及成员学校的典型经验，大范围地推广工作室建设成果，带动薄弱学校发展。

新时代新征程，教育的高质量发展被摆在更加重要的位置。推动区域教育高质量发展还需要更多校长努力成长为学者型、研究型、创新型的名校长，只有以"立德树人"的根本任务为担当和使命，主动站到教育改革的前沿，才能直面学校目前的发展困境和未来发展将面临的挑战。

时间顺流而下，生活逆水行舟。如果一个人屈服于命运，屈服于困难，那么他只能是个弱者；如果面对困难，意志坚强，逆水行舟，奋楫笃行，勇于向命运挑战，那么他就会是生活中的强者。

深感自豪的是，我和各成员正胸有成竹、满怀信心，牢记凝聚着团队智慧规划出的高质量发展设计图，一步一个脚印行进在微笑教育的正道上。

这是我和工作室成员的责任，也是中国基础教育的希望。

教育的根是苦的，但果实是甜的。

——亚里士多德

在教育路上跋涉近30载

耳闻目睹很多同行的不幸和痛苦

那是我们的大多数教育

不仅根很苦，过程很苦，果实也不甜

我希望教育的根是甜的，果实也是甜的

那就是微笑教育的硕果

第四章　圆　梦

——自我赋能，成就他人

一、影响力辐射全国，媒体广泛关注

经过实践探索和思想凝练，在独具特色的微笑教育办学思想体系引领下的SMILE特色课程、"2355"微笑课堂、微笑缤纷社团等均产生良好的育人效益。它不仅使曾经的那所规模小且老旧的第二小学发展成了如今的一校四址、规模宏大的学校，而且成为培养学生的成长基地、培养良师的孵化基地、培养校长的智慧基地。

作为"全国微笑教育联盟特色实践标杆学校"，第二小学影响力辐射全国。近年，学校吸引了省内外众多教育同行的关注并前来参访学习。微笑教师培养模式及"双减"典型案例更是被《中国教育报》、《中国教师报》、《中国教育》、《当代教育家》、《中学生报》、广东网络广播电视台教育频道、21世纪基础教育网、中国教育在线、南方新闻网、腾讯等数十家媒体宣传报道。

二、个人成果丰硕，传播教育思想

一个优秀的人，无须用过多的言语吹嘘自己，他懂得怎样用实力去说话。他也不会用激烈的语言去对抗，而是用实力展现自己的价值。一步一步跋涉，领略沿途的风景；一点一滴积累，收获人生的硕果。

（一）"幸福教育"专题演讲话"双减"

2022年10月26日，广州市黄埔区区委组织部、广州开发区党工委组织部、黄埔区教育局联合举办"铁军答卷人开讲啦"第二十六期暨"双减"下的幸福教育专场活动。活动邀请了黄埔区优秀校长、教师代表，讲述黄埔区贯彻落实"双减"政策过程中一线教师的所为、所思、所想。以下是我演讲的内容。

微笑教育：给孩子最好的"双减"礼物

各位领导、同志们，大家好！

我叫李悦新，现任广州开发区第二小学教育集团校长。师生们每天迎着朝霞，沐浴着晨风微笑着走进校园，苍劲的榕树伸出缠绕的枝蔓，簇拥的鲜花绽放灿烂的笑脸，校门口红色大理石墙面上镌刻的一句话跃然眼前："迎着晨风，你微笑了吗？"这既是第二小学对全体师生的问候，也是对微笑教育的具象表达。在鸟语花香的环境里，师生们微笑着开启了新的一天。"今天你微笑了吗？"的校训、"全面发展、张扬个性"的素质教育办学理念深深印在每位师生心中。

2021年7月，"双减"政策出台，教育部将"双减"作为"一号工程"，以减轻学生过重的作业负担和校外培训负担。一时间媒体纷纷报道，"双减"成了热门词汇和舆论焦点。家长们有开心的，也有疑惑担心的。可喜的是，我校的家长都很淡定，为什么呢？这要归功于我校一直以来实施的微笑教育。今天，作为一校之长的我来谈谈参与这个"一号工程"的体会，我的铁军答卷题目是"微笑教育：给孩子最好的'双减'礼物"。

第一份礼物：做好顶层设计，微笑学习见成效

"双减"之前，义务教育突出的问题之一是学业负担太重，短视

化、功利化突出。虽然"双减"主要针对校外培训机构失范行为，在一定程度上降低了家长焦虑，但真正贯彻减负政策，落实立德树人的根本任务，还要从学校自身的深化教学改革开始。

作为校领导，我深知学校的顶层设计非常重要，我们把微笑教育与"双减"相结合，建立"党组织引领、部门协同、上下联动"的工作机制，从打造"微笑课堂"、优化作业设计两方面着手深化教学改革。

首先，我们以"2355"模式来发展"微笑课堂"。"2"即以学生为主，以学困生为主。"3"指"3F课堂"，即学生获取知识、掌握技能，得到"鱼"；在互动、交流的学习情境中习得方法，收获"渔"；在轻松、愉悦的课堂氛围中，感受"愉"；第一个"5"指五大策略，即微笑导学、示学、活学、研学、赏学；第二个"5"指课堂五个环节。我们充分发挥骨干教师和优秀团队的辐射引领作用，各校区联合备课，积极开展"高效课堂探索""学生自主学习策略探索"等业务学习。在三校区联合教研中，语文科郑超副主任、张博彦老师、徐卓君老师、李枚枚老师以统编版小学语文第9册第六单元第18课《慈母情深》一课教学为例，就如何利用"微笑课堂"五大策略调动学生的生活经验，落实课堂的教学环节，展开了激情澎湃的思维碰撞，引发了教师们对高效课堂的认知愈加回归立德树人的本位。教师们从《慈母情深》的"七八十台破缝纫机""七八十个都不算年轻的女人""七八十个女人的身体和七八十只灯泡""背直起来了，我的母亲……一对眼神疲惫的眼睛吃惊地望着我，我的母亲的眼睛"等反复语言，引导学生运用"微笑研学、微笑活学"的策略领会对母亲工作场景的细节描写，真正感受到母亲对子女无私的爱，也体会到作者对母亲的爱和感激。通过教学，教师们尝到了甜头，激起了微笑教育走入每一节课堂的教学改革热情。

为了让微笑教育走进学生的心里，我们进一步加强了对学生核心素养的培养，规范教学过程性评价和作业设计的科学化。"双减"政策出台后，我校语数英3个科组率先进行了学情调研和作业研讨，开始着手作业改革。在短短一个月内，教师们加班加点搜集资料、线上讨论、认真编写、反复修改，最终保质保量地完成了初版的作业设计，并在开学初投入使用。"测量车位面积""统计家庭水电费用"等作业设计联系学生的生活实际，展现动态的学习过程，强调作业的跨学科性和探究性，切实减轻了学生的课业负担。

每当看到孩子们课业负担减少了，在操场上运动多了，开心的笑声多了，家长的肯定多了，同行的赞许多了，我就特别开心，因为这"一"减换来了"N"多，说明我们的微笑教育顶层设计真正发挥了作用，配合"双减"这个"一号工程"的效应也在我们第二小学充分地显现出来了。

第二份礼物：提升校园服务，微笑生活显真情

长期以来，义务教育学校多为"三点半"放学，初衷是为学生减负，但带来的问题是，家长要么身处"接孩子和正常上班"的两难境地，要么陷入"别人家的孩子都在补习"的横向比较的焦虑恐惧中。"双减"政策落地后，学生作业减少，可支配时间更多了。这时，学校只有开展丰富的校园服务，为学生提供更多发展空间，才能让家长不再为"孩子没地方去"担心，不再为"别人家的孩子都在补习"而焦虑。

为此，我校进行课后服务功能的转型，将其与校本课程和学校微笑教育相结合，从"品德、学识、体格、才艺、劳动、心灵"六个方面着手，设计了"1+X"微笑课程群——用"七彩美术"陶冶学生的艺术情操，用"乐动体育"增强学生的体能体魄，用"快乐劳动"强化学生的社会责任，用"趣味科学"激发学生的探究兴趣。学校站在学生的立场上，用真心真情服务于学生。

美术教师简嘉贤是一位优秀的共产党员，在教学工作中，她从专业的角度带领美术组将教室改造成"南海丝路"微笑工作坊，从校外采风到作品创作，她充分利用课后时间带着学生感受和研究传统文化的魅力，制作出具有黄埔特色的"菠萝鸡"，传播着南海丝路的乡土风情。

我们的学生带着具有文化特色的作品外出交流、参展，提升了文化自信，成为传播"一带一路"文化的小小使者。简老师还非常有大爱和奉献精神。一次，参加广州市永庆坊布展，这天天特别冷，广告公司处理好背景板已经是深夜12点多了，简老师继续打着手电，顶着寒风爬上爬下，把门面和展厅布置好才拖着疲惫的身躯回家。第二天清晨，师生们自己的展品漂亮地展现在来客面前，学生们在讲解中，自豪地向湾区的人民展示了黄埔文化的精华。教师这种对文化传播的执着、对专业的热爱使学生形成了开心健康的心态和积极向上的生活态度。

在校园里，为了学生的微笑生活，我们的教师要付出更多的努力。每天放学后，教师要依次送走6批次学生，有托管的、不托管的，有不同时间上不同兴趣课的……但教师们井井有条、一个不落地将孩子们送到指定地点。深夜了，教师仍在加班，或与家长沟通，或做教学研究，以保障每一个孩子安全的学习生活。

为了学生的微笑生活，我们的后勤工作负担更重了，"双减"后，学生在校的时间大大增加了，原本供300人用餐的食堂，今年要解决近千名学生的用餐。食堂的师傅们起早贪黑，科学安排，按时做好可口的饭菜，有条不紊地分菜装饭。每到饭点，师傅们穿上独特的"大白服"，戴上雪白的"大白帽"，将饭菜一层层抬上楼，送到各个教室门口，成为我们学校一道亮丽的风景线。无论多辛苦，他们都始终带着微笑；无论多紧张，他们都始终敬业尽职。正是这些可亲可敬的后勤服务人员，保障了每一个孩子在校的健康生活。

第三份礼物：加强家校协同，微笑人生促成长

"双减"难度最大的是家庭教育与学校教育的匹配，家长对"双减"的接受程度决定了学校落实"双减"的效度。为了转变家长的观念，引导家长理性看待"双减"，我们在家校协同方面下足了功夫，整合多方资源，多渠道、全方位实施开放式的家校管理。

我们组织家长大讲堂，邀请家长参与班级活动，营造良好的家校共

梦想之路 微笑领航——我和我的名校长工作室

育氛围，让家长近距离感受"双减"给孩子身心健康发展带来的正向影响，让家长亲历"双减"给孩子德智体美劳全面发展带来的良好契机。例如精彩纷呈的"家长大讲堂"："航空进课堂点燃蓝天梦""无处不在的微生物""科技创新引领未来""汽车的发展史""饮料的奇妙旅程"等，用有趣的方式打开知识的大门，让孩子从小树立科技强国的志向，努力学习科学文化知识，用坚定的信念托起蓝天梦、国防梦和伟大的中国梦。

我们组织了多种类型的亲子活动，北校区星芽中队的家长在社区附近承租了一块农耕地，让孩子们亲自体验农耕生活，了解党和政府引领的乡村振兴的巨大变化。每逢假日，许多父母带孩子"走读广州"，丈量黄埔军校、广州烈士陵园、海事博物馆等红色印记，增加对红色文化的了解和认同。他们还会寻访一些特色地域文化，如暑假的"黄埔十古"打卡活动，走访玉岩书院、深井村、南海神庙等。学校会利用"I志愿"平台发布亲子志愿活动，鼓励家长带领孩子在节假日去社区参加垃圾分类、志愿植树等活动。

有一个班级开展的家庭种菜活动令我印象特别深刻，孩子在家长陪伴下开辟了小菜园，家长和孩子一起参与从播种、施肥、浇水、采摘到制作美味菜肴的全过程。同时，种菜的过程拓展了孩子对新知识的探索，有的孩子为了记录蔬菜的成长过程，研究起了摄影艺术；有的孩子为了种出绿色有机蔬菜，在网上查找有机肥的制作方法；有的孩子因为照顾菜园而变得更加尊重生命。这种知识的拓展和延伸，增加了孩子勤劳勇敢的品格。2016年12月12日，习近平同志在会见第一届全国文明家庭代表时说："家长要帮助孩子扣好人生的第一粒扣子，迈好人生的第一个台阶。"我们的家校合作真正促进了孩子和家长的发展，为孩子扣好第一粒扣子、迈好第一个台阶奠定了坚实的基础，也让孩子有了更好的微笑人生。

"双减"是国家送给孩子最好的礼物，也是我们第二小学送给学子最好的礼物。我们希望在一点一滴、身体力行的教育活动中，带领第二小学全体学子微笑学习、微笑生活、享受微笑人生，让我们的孩子面对新时代的发展，成为自立自强、承担家庭责任、服务社会、对国家有用的好孩子！

谢谢大家！

（二）受邀参加第24届中国国际教育年会暨展览平行论坛研讨会

2023年10月28日，"第24届中国国际教育年会暨展览平行论坛研讨会"在北京国家会议中心举行。中国国际教育年会是经国务院批准，在教育部的大力支持下，由中国教育国际交流协会主办，自2000年起每年举办一届，是中国最大的综合性教育合作与交流平台，也是亚洲最具影响力的综合性国际教育盛会之一，邀请全球60余个国家和地区的4500余名来自教育行政部门、院校、国际教育组织、驻华使领馆和企业代表参加，是为中国及世界各国的教育工作者和各界代表提供启迪智慧、交流合作及资源对接的平台。

会前，组委会发来邀请函并希望我在"发展核心素养的重点与难点"环节担任发言嘉宾。以下是我拟写的发言稿。

聚焦情境　张扬个性

——以校园节日课程建设为例，谈开发第二小学培养

学生核心素养的教育经验

核心素养是指学生应具备的、能够适应终身发展需要和社会发展需要的必备品格和关键能力。它讲的是人才培养规格问题，属于教育目标的范畴，指导着学校教育的发展方向。而学校教育的重难点则在于课程、在于教学，在于基于核心素养来进行课程改革和教学改革。

国家或地方课程研发人员的工作重点是依据核心素养重新梳理课程标准的基本框架，厘清核心素养与学科素养的关系，进而改善课程教

材的编写结构。而我们中小学要做的一是基于核心素养对校本课程进行升级，在学校层面实现核心素养在课程领域的进一步转化；二是基于核心素养进行课程实施，通过教学方式的变革来实现核心素养导向下的国家、地方以及校本课程目标。

在此过程中，我认为我们中小学的工作重点与难点至少有两个：

一是要把握核心素养的情境依赖性。核心素养是学生在与教育情境的互动中生成的知识、技能和态度。因此，我们说情境——那些学生在真实生活世界中需要面对的情境，是核心素养的根本条件。也就是说，核心素养具有一定的情境依赖性。那么，我们改革课程和教学时就要把握核心素养的情境依赖性，基于真实的社会生活为学生创设情境，并通过多种手段驱动学生与情境进行互动，增加学生"社会参与"的同时，打好学生的"文化基础"。

二是要厘清"全面发展"与"张扬个性"之间的辩证关系。与全面发展教育这一社会本位的价值取向相比，核心素养体现了个人本位和社会本位价值取向的统一。学生的发展存在个体差异，我们不能用一个统一的标准或者一个所谓的模式来要求所有学生，而应该抓住学生发展的核心素养进行重点培养，在课程构建与教学实施中激发每个学生的发展潜能和内在动力，让每个学生都能按照自己的意愿自主发展，让每个学生都能在个性得以张扬的基础上实现全面发展。

我把以上两个我们中小学发展核心素养的工作重难点归纳为"聚焦情境"和"张扬个性"。

也正是基于对以上两个问题的思考，我们广州开发第二小学在落实国家和地方课程实施的基础上，主要依托SMILE校园节日课程建设来进一步发展学生的核心素养。

下面以我校SMILE校园节日课程体系中"快乐英语节"课程板块的实施为例，和各位交流分享我们的具体做法。

首先，我们通过三个途径把握核心素养的情境依赖性，也就是"聚焦情境"。

其一，通过环境建设来创设课程情境。英语节前一两周我们就开始发动孩子们发挥奇思妙想，做手工、画背景，在开幕式前一天用SMILE微笑教育的快乐元素和英语节的英文元素来装扮校园和课室（图4-1），让孩子们在英语节开幕式当天从步入校门的那一刻起，身心就浸润在节日的盛装中，心灵就开始与情境产生良好而深刻的互动。

图4-1　被装扮的校园和课室

其二，利用真实的问题情境为学生提供真实的学习机会。去年的英语节，我校教师紧跟北京冬奥会热点，精心设计了"挑战生活英语"的课程活动，并以"冰墩墩做志愿者"为情境导入，让孩子们扮演冰墩墩，以冬奥会志愿者的身份用英语为游客排忧解难、向国际友人介绍中国文化（图4-2），激发了孩子们学习生活英语的积极性，也培养了孩子们参与社会生活、担当社会责任的责任意识。

图4-2　学生扮演冰墩墩做志愿者

其三，以跨学科实践活动为抓手驱动学生与情境进行互动。核心素养可以理解为个体在面对生活情境时，综合运用结构化知识或跨学科思维解决问题的一种品质或能力。为学生创造跨学科学习情境也是我们变革课程实施方式、把握核心素养情境依赖性的一种重要手段。在快乐英语节上，我校体育科教师将英语与体育舞蹈相融合，利用大课间带领孩子们伴随英文歌曲*What Makes You Beautiful*跳起活力四射的街舞；美术科教师将英语与轻黏土制作相融合，带领孩子们制作26个英文字母来装扮课室；语文科教师则将英语与中国古诗词相融合，带领孩子们排练*Song of the Parting Son*（《游子吟》）、*A Fisherman's Song*（《渔歌子*）*、*Spring View*（《春望》）

等朗诵节目（图4-3）。唯美的音乐配上优雅的舞姿，古典诗歌与英文朗诵完美结合，东西方文化在此刻交融，加深了课程文化的内涵，拓宽了孩子们的国际视野，坚定了孩子们的文化自信。

图4-3　快乐英语节

其次，在"张扬个性"方面，我校延续为学生开办个人演出专场的做法，在节日课程的实施过程中同样为学生的个性张扬搭建舞台——有展演意愿的孩子都可以提前将节目信息交到主管老师那里，接下来在上学期间的每天早上，就可以在小舞台上（图4-4），向同学、老师展示自己与当下节日课程主题有关的才华和特长。在英语节期间，歌唱好的孩子可以举办个人英文歌演唱专场，朗诵好的孩子可以举办个人英文诗词朗诵专场，具有表现力的孩子可以和同学一起举办英语故事会专场。

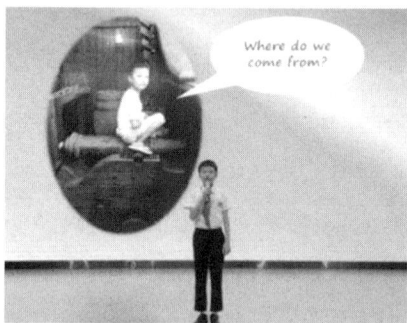

图4-4　小舞台上的学生

快乐英语节，连同微笑科技节、活力体育节、多彩艺术节等校园节日课程，都由我校原有的平面式社团课程演变而来，它被融入了核心素养目标、跨学科理念、学生的自主发展意愿、情境教学法等，从而变得立体化，变得更加契合核心素养时代对学校课程和教学改革的根本要求。

（三）粤新校长交流活动中分享"优质学校的个性发展之路"

2022年11月9日，"同心创未来——优质教育的建设"首届广东—新加坡中小学校长交流活动在广州市黄埔区中新广州知识城举行。活动由广东省教育厅、新加坡教育部主办，广州市黄埔区人民政府、广州市教育局、新加坡教育部学校司北区协办，广州市黄埔区教育局承办，活动以线上线下相结合的方式举行。

此次粤新中小学校长交流活动标志着粤新教育交流合作进入新里程、新阶段。我受邀参加并围绕如何实现优质办学、如何建设优质学校，做主题为"优质学校的个性发展之路"的分享。

据了解，广东省教育厅为贯彻落实国家关于教育开放合作精神，紧紧抓住中新广州知识城上升为国家级双边合作项目的重大机遇，与新加坡教育部轮流主办"中小学校长交流活动"，共同打造教育对外开放新高地。双方依托广州市黄埔区与知识城中新基础教育合作资源的优势，为两地教育界创造合作交流机会，如实施中小学姐妹学校计划，积极推动学校间各种形式的师生交流以及教育资源共享等。

（四）多室联动、跨省联合，开展教学研讨

2023年5月24—25日，"多室联动、跨省共享——粤黔联合教育教学研讨交流活动"在广州市黄埔区东荟花园小学顺利举行。此次活动是广东省广州市郭云海名校长工作室、广东省李悦新名校长工作室、广东省广州市李国英名教师工作室、广东省广州市杨雪柏名教师工作室、贵州省王培莉名校长工作室、贵州省杨光红名校长工作室、贵州省胡连祖名教师工作室联合开展的教学研讨活动。

活动的目的是根据东西部教育协作项目计划，充分发挥名校长、名教师工作室专业引领和辐射带动作用，提升工作室成员的教育教学水平，促进粤黔两地教师相互交流和共同发展。

（五）首届全国名校长工作室研讨会

为了更好地探索学校教学管理，彰显学校内涵发展的品质，凸显学校的特色建设，2023年12月7—8日，由广州智库研究院主办的"首届全国名校长工作室研讨会"在第二小学北校区召开。本次活动吸引了来自全国各地的名校长工作室主持人，大家齐聚第二小学，共同探讨新时代教育环境下学校教育教学管理的高质量发展方向。我做了题为"名校长

第四章 圆梦——自我赋能，成就他人

工作室领航，多方共赢发展"的工作室成果汇报，分享了工作室通过自主研修、专家引领、互助诊断、课题研修等方式，培养了多名学者型、研究型、创新型校长，成为"学习研究平台""能力成长阶梯"及"共享辐射中心"的经验和成果。

工作室成员、广州市从化区温泉镇第一小学李醒彬校长（广州市从化区良口镇第二小学原校长）、广州市黄埔区文冲小学戴江静校长，分别代表工作室成员分享了在工作室成长的点点滴滴。

"你在努力的时候，不要去在乎一个结果，要懂得在过程中去感受、体会，并且不断完善自己，到最后，结果怎么样已经不重要了，重要的是沉淀以后的你已经更加优秀了。"当初有的工作室成员对我的殊荣感到惊讶和仰慕，经过两年多的风雨兼程同行，后来切身体会到我这肺腑之言的深意——丰硕成果的背后是水滴石穿的力量。在我带着团队将每个项目圆满完成的背后，都有旁人无法感受的难处；当我每次登上荣耀的舞台面对鲜花和掌声时，都有观众无法体会的辛苦。所有的光鲜亮丽背后都有默默努力，所有的现世静好背后都是咬牙坚持。

"师者，范也。言行动静，皆可为式。"教师是心灵的塑造者，其言行举止、点点滴滴就这样或那样地感染和影响着学员。正是我的率先垂范，用实际行动点燃了学员的热情，他们团结协作、互相支持、互相配合，在工作室的三年，他们个个练就了一身硬功夫，学到了真本事，见其真心，得见真经，收获满满。

"我们努力成长就是对师父的最好回报！"听到学员这样的表白，我深感欣慰：陪伴学员所走过的成长道路，已成为他们生命中不可或缺的一部分。

以下是"广东省李悦新名校长工作室"成员的学习见证。

微笑如花，一路芬芳

成员简介：

李醒彬，现任广州市从化区温泉镇第一中心小学党支部书记、校长（广州市从化区良口镇第二小学原校长）。先后被评为从化区爱种子教学模式改革先进个人和广东省互联网环境下基础教育教学改革优秀校长。现为从化区第三届人大常委会委员、区小学数学中心组成员、区《从化教研》杂志特约编辑、从化区责任督学、区名校长培养工程对象、区教育学会学校管理研究会理事、区第四届教科研指导专家、区中小学一级教师评审委员会委员、广州市教育学会小学校长领导力委员会理事、市小学数学骨干教师、市百千万名校长培养对象、市中小学高级教师评审委员会委员、广东省教育评估协会基础教育分会会员、广东省教师资格证评委库成员、广东省"互联网环境下基础教育教学改革试验区"教研与教学指导团队成员以及《广东教育装备》杂志编委会专家。

一、"微笑之约"六载情

2018年，我误打误撞地加入了广州市李悦新名校长工作室；2021年，我主动申请加入广东省李悦新名校长工作室，实现和李校的微笑之约。6年时间如梭，在李校的带领下，工作室学员既有教授加持，又有名师引路；既有理论学习培训，又有课堂实践探究；既有走进名校学习交流，又有成员学校互访诊断，我们学有所思、思有所悟、悟有所行、行有所效。在这个过程中，学员不但茁壮成长，还结下兄弟姐妹般的情义。

二、亦师亦友

苏霍姆林斯基说过："学校领导首先是思想上的领导，其次是行政

第四章 圆梦——自我赋能，成就他人

上的领导。"学校要实现可持续发展，关键是校长的办学理念。优秀的校长可以根据学校的具体情况和个人的人生经历来经营、管理学校，并逐渐形成自己学校独特的办学理念，从而影响和指引全体师生的主体信仰、精神气质和文化特征。学校如此、学员亦如此。每一次的培训和学习，我们都被李校长的人格魅力和专业素养所折服，印象最深的是李校长在成员学校互访和走进名校的精彩点评，他独特的视角、精练的语言和系统的分析都让我们受益匪浅。同时每一次活动完成后，我们学员都必须按时完成"作业"，一开始我以为只是任务式的完成就可以，没想到的是，师父居然对每个成员的"作业"进行点评，于是，我们都养成了认真对待每项任务的好习惯。

三、最好的见证

微笑教育有理念文化系统、精神文化系统、组织文化系统和课程文化系统。微笑教育的理念也影响着我提炼学校的特色文化。

2019年7月，我被任命为从化区良口镇第二小学校长。到任后，师父了解到我校的办学特色是竹文化，但"一训三风"不成体系，办学特色与"一训三风"之间缺乏一体性。李校长建议我思考两个问题：一是要不要继续做竹文化？二是怎么去做竹文化？经过李校长的指引和我们学校团队的分析确定，大部分以竹文化为办学理念的学校，其切入点都是竹的品质，而我们的方向是竹文化与传统古诗词相结合，把关于竹子的古诗词提炼并融入我们"一训三风"的顶层设计。竹子是物质层面的植物，怎么把它的功能从养生提升到"养神"呢？即竹文化相对应的教育定位是什么？后来我们基于三个层面的考虑提出气节教育，这三个层面是国家层面、社会层面和个人层面。在国家层面，气节教育主要关涉爱国精神内化；在社会层面，气节教育强调职业道德塑造；在个人层面，气节教育指的是个人品质培养。我们的"一训三风"紧扣气节教育，选择对教育教学、师生发展、学校管理等有指导意义的古诗词进行提炼和弘扬。师父还提醒我们做竹文化教育，教师必须眼中有竹子，心里有孩子。从此"竹文化·气节教育"在良口镇第二小学破土而出，成为学校的一张亮丽名片。

"与善人居，如入芝兰之室。"亦师亦友，见贤思齐，也许是6年时光最好的见证和回报。

成长是一个过程，是一份快乐

成员简介：

陈丽玉，现任广州市番禺区新桥小学副校长，小学语文高级教师，曾获广州市优秀教师和番禺区优秀教师、巾帼女性和石基镇优秀阅读校长、小学语文教研积极分子、骨干教师年度考核优秀学员等称号。她发表的论文或案例有13篇，其中2篇曾刊登在核心杂志上。她曾主持区、市级课题6项，结题4项，2项准备结题。她已编辑了5套校本教材，现正参编校本教材《少儿醒狮操》，主编了品牌特色校本教材《少儿大头佛》，并落实开展系列的特色校本主题研究。

作为一名副校长，我一直认为自己需要不断学习和提升自己的管理能力，以更好地发展学校。因此，当我得知广东省招募李悦新名校长工作室组员时，我毫不犹豫地报名参加了。回顾3年来在李悦新名校长工作室的研修学习过程，有高校专家的引领，有名校特色教育的观摩，有创新模式下的课堂教学，等等，每一次集中研修可以说都是一次教育思想的碰撞，并且在思想的碰撞中打碎自我，重塑自我，升华自我。

一、开眼界，长见识

记得我在广州开发区第二小学观摩美术工作坊菠萝鸡工艺制作和在广州市增城区挂绿学校"变废为宝"的做法后，回到学校便开始结合实际探究适合的项目。为了让学生更好地传承中华优秀传统文化和变废为宝，我将学校武术社团开展的非遗项目"醒狮大头佛"里的大头佛在美术领域深入开展，开展的项目主要有纸扑大头佛、羽型大头佛、陶艺大头佛、蛋形大头佛和碟画大头佛等。又如在广州市从化区良口镇第二小学观摩，该校的竹子文化明确是对育人方向的引领，而不是对潮流的追随。气节教育的育人方向是学校的办学灵魂，更是学校特色教育的追求。在全球化的今天，培养什么样的人是广大教育工作者必须思考的问题。于是，回校后，我带领团队挖掘学校九成书院的特色。书院的形成是长期独有文化的积淀，我们开展了一系列研讨：为什么办学？办学要培养什么样的人才？怎样才能使学校长盛不衰？怎样用独有的教育理念来发扬学校的个性？怎样在独有的教育理念下得到师生和社会的共同认可？怎样形成有特色、有深度的学校，让孩子们喜欢呢？带着深深的思考，我构建了一系列书院课程体系。

二、一种气量，一种人品

李悦新校长有长远的眼光，不着眼于眼前利益，而是为我们描绘一幅宏伟的蓝图，并为之长期不懈地努力。例如，他为每一个老师提供一个成长的平台，任何一个学校老师被提拔，他都从不阻拦，而且大力支持，因为他有宽大的胸怀、无私的精神。为政者当不计较个别的利益，不计较个人的得失。对于一所学校、一个单位而言，矛盾或多或少总是有的，负责人如果斤斤计较，则会造成矛盾激化，学校团队的建设也就成了一句空话。"宰相肚里能撑船"，李校长多看到学校的阳光面，而不是阴暗面。在跟随李悦新校长团队的学习中，我不断推动我校教师专业发展和提升，逐渐培养出一支战斗力颇强的教师队伍。让教师充分享受到被信任、被尊重、被理解，那么他们内心流淌的是喜悦，在教育中涌动的是爱心与尊重，在教学中点燃的是激情与艺术。

在学习中，我感受到第二小学有一个团结有为的领导班子，李悦新校长在人员规划方面曾谈到，第二小学被提拔的人才很多，任何一个中层领导或骨干教师被调走，甚至包括他自己哪天如果不在这所学校了，第二小学的学校氛围及学校的所有工作都会有人接手，不会因为谁走了学校就无法运行。我认为这不但是一种人员的规划，更是校长的一种气量、一种人品。我感受到第二小学非常注重学校发展规划，回校后我构建出了一套科学规范的管理体系。比如，特色的醒狮大课间课程体系、学校精致教育体系、教师专业成长体系等，都形成了高效且务实的管理制度，符合我校实际情况并具有科学性。

三、有温度的教育让我重新定位

李悦新校长提到为何创办微笑教育时说，因为当时家长和学生自杀的情况时有发生，再加上他初中没读好且儿子中考失利，他自己开始深思，小学到底需要怎样的教育？于是，经过周密思考后，李校长将微笑教育在学校生根、开花、结果，创造了无限的价值。在学习中，在生活和工作上，我明显感受到李悦新校长关心每一位教师，学校处处为教师着想，给予教师工作和生活上的关怀。在当今急功近利的教育生态中，我从李悦新校长身上感受到的却是教育原来是有温度的，教育最需要微笑，学生和教师也需要微笑。我认为微笑不仅是一种情绪，而且是一种心态，是一股教育的春风。

微笑教育不仅给予我在教育工作管理上很大的启发，更让我对人生进行了重新定位。我参加李悦新名校长工作室是一次非常有意义的经历。在这里，我学到了很多实用的知识和技能，让我更好地服务于我的学校。我相信，这些知识和技能将会对我的教育生涯产生深远的影响，让我成为一名更好的校长。

对我影响最深远的人

成员简介：

杨波，中共党员，现任广东省吴川市梅菉中心小学专职副校长，小学语文高级教师。广东省第三批小学语文骨干教师，湛江市教育局兼职教研员，吴川市政府责任督学，吴川市小学语文教研会常务理事，广东省校园安全教育与管理协会学校安全专家。广东省小学校长高级研修班，吴川市小学骨干校长培训班学员，吴川市教书育人优秀教师。主持或参与国家级、省级、湛江市级课题共7个，多篇教育论文获得省级、市级奖励，在《人民教师》《广东教育》等国家级、省级刊物上发表教育教学论文多篇。

校长是一校之魂，有什么样的校长就有什么样的学校。其实，校长的一言一行不仅对学校的影响最大，而且对教师的影响也最大。对此，我觉得李悦新校长对我影响深远的有高尚的人格魅力，丰富的教育管理经验和高超的艺术感染力。

一、初衷：提升自我，服务学校

作为一名一线的教育管理者，我认识到提升管理水平是最有必要的。加之吴川教育在广东省内相对落后，提高教育管理水平更是尤为重要。而加入名校长工作室就能得到很多提升自我的机会，因为工作室提供了很好的平台，如名校互访交流、教育家讲座、名校长经验分享。借助名校长的平台和机会努力去发展，还能认识更多的名校长，了解各地的教学管理情况，提升自己，服务学校，实现学校高质量管理的目标。

二、跟对名校长，受益匪浅

加入工作室后，我积极参与学校管理，抓好教学教研，把好评课环节，努力提升自己的教学能力和水平，鼓励教师积极参与各种"比武课"活动，提升教学水平。

记得2021年，五年级的易小兰老师被安排参加吴川市青年教师比武课，她开始非常紧张，不知所措，我几次找到她，和学校分管领导一起同她就遇到的问题进行一一分析，把在李悦新名校长工作室学到的处理教学问题的方法、理念用上，最终易老师全心投入，获得了吴川市青年教师教学能力大赛第一名。

三、无言的微笑，传达信任与理解

微笑教育是教师以高尚的人格和教育艺术感染学生，用发自内心的爱滋润学生的心田、点燃学生的学习欲望，使他们在充满师爱的鼓励中维持知足、快乐、踊跃、稳定的情绪，从而帮助他们找到自尊，增强自信。

微笑教育是一种现代的教育思想，它需要良好的教育氛围，需要教师不断更新自己的观念，感染学生、鼓励学生，从而使学生满怀信心、健康而快乐地成长。

微笑，是教师最美的语言。"迎着晨风，你微笑了吗？"这质朴的语言就是李校长对第二小学微笑教育最直白的诠释。不错，在李悦新校长的带领下，微笑教育办学思想日臻成熟。关于教育理念，李校长认为"想要使学生会学，首先要激发学生的学习兴趣"，培养学生的学习兴趣，应把直接兴趣和间接兴趣结合起来，使之互相促进，这样学生的学习兴趣才会越来越浓。"当每个孩子脸上都洋溢着幸福的微笑时，我们的教育就成功了。"李校长常常这样对我们说。

记得去年夏天的一个傍晚，我在学校门口发现一个十一二岁的男孩放学很久了还在学校门口逗留，便过去了解原因，原来他当天考试成绩出来了，考得不好，担心回去被家长打骂。看着他愁眉苦脸的样子，我打心眼里觉得心疼，赶紧向他要来家长电话，通知家长过来接他。在等家长过来的时间里，我要来男孩的试卷，发现计算题错得很多，都是粗心大意导致的错误，于是，便与男孩推心置腹谈心："一次考差了不代表永远都考不好。找出考差的原因，努力加把劲，好好学习，好好弥补，下次会考好的。没关系的，我们要做'微笑'的主人，微笑面对学习，微笑面对生活。"男孩明白了，开心地笑了。这时家长过来了，得知缘由，并没有责怪男孩，微笑着鼓励男孩下次认真答卷，会好起来的。这时，大家都笑了。微笑教育，真是学习、生活必不可少的"润滑剂"。可见，无言的微笑传达着成人对孩子的一份信任与理解，蕴含着一种真诚与关爱，代表了一份鼓励与赞许。

总的来说，在加入李悦新名校长工作室的这几年时间里，我不断成长，收获满满。李校长有深厚的教育情怀，亲和力强，对我影响巨大，他让我学习到了先进的教学理念，这对我的教学工作有着重要的指导作用。

希望自己今后不忘初心，在教育这条路上越走越远，分享不一样的教育心得，去遇见更好的自己！

发掘亮点，积极前行

成员简介：

戴江静，中共党员，小学语文高级教师，曾任广大附中高新区实验学校校长，现任广州市黄埔区文冲小学校长。1999年参加工作，先后在广州市黄埔区5所学校任职，其中筹办了两所新校。曾获"广州市优秀教师""黄埔区优秀教师"称号，多次受到黄埔区政府嘉奖。主持广州市黄埔区教育科学"十三五"规划2019年度课题"如何在语文课堂有效开展小组合作学习"，参与区级课题"小学绘本讲读的实践探究"，参与中央电教馆"核心素养背景下小学语文绘本教学策略探究"以及"核心素养视角下的语文主题阅读教学研究"等课题研究。

加入李悦新名校长工作室时，我在一所新开办的学校工作正好一年，提升领导力和管理能力，带领团队办好一所学校是迫切任务。刚性的需求让我恰逢千载难逢的学习机会，这是我加入工作室的初衷。

一、消除焦虑，自信成长

3年的学习下来，我已经没有了当初的焦虑和急迫感。工作室系统的参访、研修、交流活动，让我在以下3个方面获得了成长。

第一，我学会了思考一所学校的定位。定位明确了，犹如大海里的船只有了前进的方向。定位时，一要结合学校所处的地理位置、历史风貌、资源组合等去考虑。二要提炼学校理念以及"一训三风"，进行顶层设计，统领办学思想。三要思考学校发展不同阶段的目标。一所新学校第一步肯定是打基础，如校园基础建设、功能场室配套、教师培养机制的形成、学生行为习惯制度的制定、课堂教学模式的建立等，形成初步制度和氛围，稳中有进。第二步是优化阶段。在原有基础上进行优化，进一步巩固原来的、选择合适的、摒弃不合适的。第三步，发展特色阶段，打造特色课程。

第二，我学会了如何行动。学校有了定位，行动力就得匹配上。出规划、抠细节、常反思、用团队。

首先，学校要做好规划，长远的有学校的五年规划，近期的有一年计划。长远的规划逐一在每一年的计划里体现，每一年的目标是打基础还是夯实基础，是优化还是提升，都要有一个明确的方向。

其次，每一项工作的落实方向和大框架建立后，就要抠每一个环节，分工、安排逐一要落实到位。

再次，常反思。一件事情不是做完就算，世界上没有完美的事，每一次的遗憾是为了下次做得更好。所以，及时总结和反思对以后的工作有很重要的意义，还能训练人的逻辑思维和细节推敲能力。

最后，行动中一定要有合力思维。事情不是靠一个人就能完成的，每一个计划、每一项活动、每一次落实，环节与环节之间是互相扣住的，需要不同部门之间的团结协作才能完成。众人拾柴火焰高，不能搞个人英雄主义。

第三，我学会了借力，借了还要会用。除了合力管理思维外，要想办好一所学校，还要有借力思维。向谁借？第一次培训时柯中明校长曾讲过"资源的维度"，学校要擅长将家长资源、社会资源等进行整合并为学校所用，助力学校发展。所以，我们确定借力家长、专家、企业、派出所、社区街道等社会力量。

借用资源一定要得法，宗旨就是为孩子成长服务，让提供资源的一方能看到付出和结果成正比，今后才能形成良性循环。

二、做一个真正爱教育、爱孩子的人

李悦新校长特别有教育情怀且善于发现别人的闪光点。每次看到李校在台上侃侃而谈和他那种沉浸在教育中的热情，我就钦佩不已。我想，只有真正爱教育、爱孩子的人，才能这么率真！

一次研修时，李校长跟我们讲述他自己成长的故事以及他孩子的成长故事。他说自己小时候非常调皮，读书也不上心，后来遇到一个良师点拨，凭着自己不服输的精神，奋发图强，考上师范学院，从此踏上教育这条道路。他说自己的孩子小时候也顽皮，但是他发现孩子对于音乐有一股超乎寻常的热爱和悟性，于是就给孩子选择了音乐这条道路。果然，孩子对感兴趣的事物，学习起来格外努力。现在他的孩子是一名优秀的音乐教师。从李校长及他家人的成长历程中，我们不难看出，一个人的成功与个人的努力是分不开的，但是我们更应该看到每个人身上所具有的闪光点。我们对待孩子就要具有这种教育的情怀，要有一双善于发现的眼睛，去鼓励每一个孩子找准自己的定位，并推动孩子努力往这个定位上去发展。我想这是一个老师所应具备的本领。

平时，他不断强调我们要打开思维格局，看待问题要全面，管理方法要多元，还积极推进入校诊断，发掘我们办学理念中的亮点，鼓励我们积极前行。他是一位优秀的校长，也是我们的良师益友。

三、运用微笑教育，培养积极的情绪和态度

微笑教育是一种积极的教育理念，强调通过微笑、友善和乐观的态度来影响学生，帮助他们建立积极的情绪和心态。在生活和工作中，人人都不能缺少这种积极的情绪和心态。

在学校，我通过以下方式来运用微笑教育：

（1）营造积极向上、友善互助的环境。良好的环境能够让学生感受到愉快和温暖，从而激发他们的学习热情。

（2）营造良好的师生关系。教师在与学生互动时，可以通过微笑来传递鼓励和支持，让学生感受到教师的关爱和信任，从而促进积极学习氛围的形成。学生遇到困难时，教师要鼓励学生保持乐观的态度，相信自己的能力，从而培养他们应对挑战的能力。

（3）开展特色活动。学校可以组织一些以微笑、快乐为主题的特色活动，如微笑日、快乐周等，通过这些活动帮助学生形成积极的人生态度。

（4）开设情绪管理课程。在心理健康教育课程中，教师要教授学生情绪管理的技能，帮助他们学会用积极乐观的态度面对生活中的挑战和困难。

学校通过这些方式的运用，培养学生积极的情绪和态度，帮助他们更好地成长和学习。

人生从此与众不同

成员简介：

刘群娣，现任广东省清远市清新区第五小学副校长，小学语文高级教师。曾获"清远市优秀教师""清远市优秀教育

工作者""清新区名校长"等称号；曾获清新区语文基本功比
赛一等奖、清远市基本功比赛二等奖、广东省录像课例评选一
等奖；所带团队曾荣获清新区优秀课改单位、清新区教学质量
优秀单位、清新区优秀科组等称号；指导多名青年教师在教学
基本功比赛中获得市、区一等奖。发表论文5篇，曾主持省、
区级课题2项，结题2项。

2018年，我被提拔为清远市清新区第五小学副校长。从一名教导主
任到一名副校长，我深知责任的不同，从执行到引领，我迫切需要学
习、积累和提升管理能力，引领区五小这所年轻的学校快速成长。因
此，我选择加入广东省李悦新名校长工作室。成为工作室的成员，于我
来说，是一件非常幸运和幸福的事，让我的人生从此与众不同。

一、感恩于师父的引领

在3年的研修学习中，我每次都积极参与，珍惜每一次学习机会，
认真学习，从专家讲座中获取高效管理的理论，在多所名校走访中，
认真学习学校管理、特色教育的实践和创新模式下高效的课堂教学方
法等，同时，向师父李悦新校长"取经"，向工作室的伙伴们请教。
3年里，我一边学习，一边实践，带领学校教师实施小组轮流预习法，
优化课堂教学、创建作业资源库、进行书法特色校园创建……这一切，
都感恩李悦新校长的引领！

李悦新校长有丰富的学校管理经验，有长远发展的眼光，有对学
员谆谆教导的师者胸怀。例如，他在进行学员校实地走访中，能敏锐地
发现学校问题，并针对问题从学校定位、学校发展、文化建设等方面进
行耐心指导；针对我们学员的不同特点，对学员的发展方向进行细心分
析，让我们找到发展和努力的方向。他有着无私的精神，为每一个老师
提供成长的平台，任何一个老师被提拔，他都从不阻拦，而且大力支

持。这种胸情怀也感染了我、启迪了我，让我在自己的工作实践中也多一分耐心少一分浮躁，多一次指导少一句批评，多积极引领少消极偷懒。在我的积极引领下，学校教学质量不断进步，教师教学水平不断提升。

二、微笑教育让生命焕发异彩

记得李校长提到，创办微笑教育的缘起是当下学生心理问题严重、厌学情绪严重引发了他的深思：小学到底需要怎样的教育才能让教师工作开心、学生学习愉快？那就是微笑教育！

在学习中，我深切感受到广州开发区第二小学"微笑教育"的魅力：学校以多种途径为教师搭建成长平台，让教师收获成功的喜悦；实行"鱼渔愉"教学，让枯燥的课堂变得生动有趣。在第二小学，人人脸上洋溢的是发自内心的微笑，教师工作开心，学生学习愉快。这些都让人感受到李校长带领的第二小学团队是一个团结有为、凡事微笑以对的集体，老师在轻松愉悦的氛围中屡创佳绩，孩子在课堂中茁壮成长。

这也给予了我启发：管理方法固然重要，但更需要良好的品格修为，要用自己的人格魅力把教师们拧成一股绳，大家一起努力，共创佳绩。在生活上，我应该豁达开朗。3年的工作室学习不仅让我收获了很多实用的知识和技能，也让我的人生从此与众不同，这些都给我的工作和生活增添了光彩。

研修中进步，反思中提升，展望中前行

成员简介：

龙梓川，现任广东省廉江市石岭镇中山小学校长，小学语文高级教师。连年被评为镇先进教师、优秀共产党员，2021

年7月被评为廉江市优秀共产党员，2023年9月被评为廉江市教育系统德育标兵。近年撰写多篇论文在镇教研会宣读，其中《浅析小学语文高年级教学中渗透心理健康教育》2017年11月发表在《文化研究》上，《打造有"温度"的班级——小学班主任德育工作的有效开展途径探究》2023年2月发表在《少年时代报（科教与创新）》上。2023年9月主编了中华优秀传统文化进校园石岭镇中山小学《学生诵读本》。

自踏上教育这块神圣之地，我就一直在想："怎样才能把工作做好，不负青春韶华？"但苦于没人指导，也没有理论依托，我不知方向到底在哪里，不明白如何定位清晰的目标。正在我寻觅之时，幸运之神眷顾了我——广东省李悦新名校长工作室助手邓美华校长联系到我。简短的交流后，我抱着"试试看"的心理加入了广东省李悦新名校长工作室。

一、心头困惑逐渐化解

回顾3年在工作室的研修学习，专家对我们的悉心指导，深入名校的观摩学习，学员之间的管理共享……无论线上或线下跟岗学习，每一次都是惊喜连连、收获满满，每一次都是思想大碰撞、思维大提升。在这一次次碰撞和提升的过程中，思想的打碎、重铸和不断升华形成了我独具一格的办学理念。

我常常细想每次活动的主题与我校的联系，思考能否借助别人的成功经验来谋划我校的发展。工作室给我提供了很多学习机会，我在学习中不断成长着。我非常珍惜每一次的学习机会，并将所学所得所获与自己的教育实践相结合，查不足、找差距，以提高自身的灵性、理性、悟性，构建先进的办学思想，不断提升自己的理论水平和管理水平。同时，李悦新校长让我们每位成员都介绍所在校成功管理案例，大家相互交流研讨，这些共享让我们深受启发，提升了管理水平与实践策略，达到了共同进步、共同成长的目的。

过去，由于自己担任六年级语文教学工作，任务繁重，整天忙于日常事务性工作，而较少思考学校长远的发展，处于被动应付状态。自从加入这个有思想、有活力、有凝聚力的团队后，我在团队交流中分享智慧与经验，在反思中提升自身修养，开阔了视野，拓宽了思路，找到了差距，明确了努力方向。

在交往沟通中，我深深感到李校长是一个胸怀宽阔、为人大度、亲切温和且无比睿智的人。在学习研修中，我对李悦新校长渊博的知识极为叹服，而入校诊断更把他独到的见解、敏锐的眼光展现得淋漓尽致。

工作室团队到我校把脉诊断后，李悦新校长就为我校指明了"梦想教育"的方向。一所学校的发展，教师团队的凝聚力取决于校长的认知和智慧，在李悦新校长的指导下，我校也确立了自己的特色，与廉江市传统文化促进会联办"中华优秀传统文化实践学校"，以"慈孝文化"引领学校前行。

二、春风化雨，走进学生的心灵

李悦新校长带领第二小学全体领导班子适时推出了微笑教育，提出"今天你微笑了吗"的校训。"优美校园，微笑芬芳"的校风，把微笑渗透到校园的每一个角落，让每一位教师在教育教学实践中用真诚的微笑去影响感染、熏陶学生，使每个学生真正"乐学、善思"。

当我对微笑教育理解后，也逐步运用到生活和工作上。微笑的魅力不仅体现在课堂上，还体现在课外教师与学生心灵呼应上。微笑必须发自内心，是使人感觉温馨的微笑，是那种在严冬里能带来温暖的微笑，而不是机械地咧咧嘴巴的笑。微笑应从内心冲出来，表现在我们的眼睛、声音以及我们的动作中。下课时，我会留在教室和同学们谈谈心、说说笑话；课余时，我会和同学们一起运动运动、做做游戏……慢慢地，春风化雨，学生把我当成他们的知心朋友，对我敞开心扉，让我走进他们的心灵。

有一天早上，我看到操场上我班一群男生在打乒乓球，看他们玩得很开心，我就走过去和他们一起玩，很快他们就放松下来，开心地玩着，笑着。没想到我这一平常举动学生会如此在意。后来，他们告诉我："老师，那天您和我们玩乒乓球，我们每个人心里就跟吃了蜜一样甜。老师，您笑起来好潇洒，您应该多笑，笑一笑，十年少嘛！"如此话语让我觉得微笑带给学生的是美丽，留给自己的是快乐。

微笑是一种能力，能拉近与学生之间的关系，能让学生感受到老师的真诚与主动，也能让学生深深地爱上老师和老师的课。

3年的跟岗学习后，我不仅提升了自身的教育理念和教学水平，还提升了学校的管理水平。这些经验和成果将对我未来的教育工作产生深远的影响，使我成为一名眼光独到、有文化、有见地的校长。

勇做有担当的"明"校长

成员简介：

邓美华，广东省李悦新名校长工作室助手。中共党员，小学语文高级教师（副高），现任广州市黄埔区护林路小学执行校长、区党代表、广州市和黄埔区两级名教师工作室主持人、京苏粤浙中小学卓越教师、新课程阅读专家委员会委员。曾在广州市开发区第二小学及广州市黄埔区科学城小学工作，历任学校团支部书记、工会主席、办公室副主任、教学处副主任、教导主任、学校教师发展中心负责人、开发区第二小学教育集团分校区负责人、副校长；曾被评为广州市优秀班主任、区教育系统"十佳"青年、黄埔区优秀教师、黄埔区优秀党员等；曾获全国目标教学优质课大赛及广东省小学语文教师习作教学录像课大赛一等奖；曾多次执教区、市级教学公开课，多次送教到省内外教育薄弱地区，主持并参与多个省、市、区级课题研究，多篇论文在省级刊物发表，所辅导的学生作文有20余篇发表在市级以上的报纸杂志上。

李悦新校长办学理念先进，非常有远见及创新精神。为了更加系统、全面地学习李悦新校长的微笑教育办学思想，提升自己的专业素养和管理能力，更好地为学校的发展贡献自己的力量，我于2021年加入广东省李悦新名校长工作室，担任工作室助手。其间，我主要负责协助李校进行日常工作的组织和协调，包括安排会议、组织研修学习活动、撰写文件、收集资料等。

在李校长的悉心指导下，在与团队成员共同协作中，我深度参与到各种研修项目的策划、组织和实施过程中，并有机会近距离接触多位一流的教育管理者，让我更加深入了解了教育行业的发展趋势、政策法规以及先进的教育理念，学习了丰富的管理经验和领导技巧。

一、聚焦问题，"望闻问切"

这3年大大开阔了我的教育视野，拓宽了我的办学思维，提升了我的育人境界，全面提升了自己的综合素质，包括专业技能、管理能力、沟通能力、团队协作及解决问题的能力等，为自己的职业生涯打下了坚实的基础。例如，在指导成员办学方面，李校长始终坚持理论联系实际，以课题为牵引，以科研促办学，指导工作室成员结合学校自身实际及问题设立课题，着力聚焦学校特色发展开展深度研究，提炼各自学校的办学思想体系，突出研究学校特色发展，进而促进成员在管理水平和专业能力等方面再上新台阶。目前，各所成员校各美其美，从化区良口

第四章 圆梦——自我赋能，成就他人

镇第二小学的"竹文化"、番禺区新桥小学的"书院文化",清远清新五小的"敬贤文化"、廉江市石岭镇中山小学的"慈孝文化"等逐渐彰显特色。

此外,李校长还特别重视引导成员精准聚焦学校面临的真实问题和挑战来确定研究课题,邀请大学专家、教授、"明"校长担任指导,并带领大家走进每一个成员校,相互之间"望闻问切",在真实办学情境中积累典型经验,帮助学校找到解决一个个痛点的具体行动路径。这些活动不仅让我看到了各所学校存在的诸多共性问题及破解困境的创新思路,更让我从李校及各位优秀校长身上懂得了"把简单的事情天天做好就是不简单,坚持就是特色"的道理。教育特色不是标新立异,而是遵循教育规律,立足本校实际,从点点滴滴中逐步建起。同时,我深刻认识到,要勇做有担当的"明"校长,这个"明"不是名利的"名",而是明白的"明",要明方向、明教育。

二、师传智道,妙解难题

"一个好校长就是一所好学校。"李校长为人睿智大气,果敢坚毅,善用跨界思维办学,创意多,又很"接地气"。他办学站位高,内心装着教育的大世界,始终从教育全局思考小学教育对国家和民族的影响,对一个人一生的影响。李校长多次跟我们提及,"三百六十行,行行出状元"。每个孩子都是独一无二的,教育就是要尊重每一个孩子,努力唤醒每一个孩子,多看到孩子的长处,给他们提供各种各样展示自我的舞台,让他们收获更多的自信和成就感。他的这种教育思想对我影响极大。李校长是这样说的,也是这样做的。10多年前,他就创新性地提出了微笑教育办学思想,始终把学生放在学校正中央。经过多年的教育实践探索及积淀,如今从课程到课堂,微笑教育激励着第二小学学子全面发展,精彩绽放,走向未来。

关于办学的方方面面,李校长都很有自己的见解,且充满智慧,经常让我们有豁然开朗之感。记得有一次,我们说到教师培养问题,大家都表示学校经常会遇到年轻教师甚至有多年经验的教师也管理不好一个班的情况。对此，李校长表示主要因教师缺少对"管理学"的深入学习，很多时候我们需要跳出教育看教育，才能更清楚地发现症结所在。他表示自己经常会跨界学习一下企业管理，因为企业管理比教育管理更先进，而这经常让自己能跳出思维局限，以更加开阔、全新的视角看教育，且创意源源不断。李校长总是这样毫无保留地把自己多年的管理经验、智慧传授给我们，像这样带给我们启迪的话语还有许多。很多时候，这些触动自己的言语，当我认真去感悟并践行后，发现真的很管用，解决了诸多学校管理中的痛点、难点，让我收获良多。

三、唤醒心灵，遇见美好

遇见微笑教育，即遇见美好！微笑教育是充分尊重孩子的天性，关注孩子心理，充满爱与激励，是让孩子收获自信的充满生命灵气的教育。还记得多年前，第一次听李悦新校长做微笑教育办学思想的理念介绍时，他从自己求学、工作的经历说起，进而明晰学校微笑教育办学思想。当时我就深有感触，觉得微笑教育是能看见孩子，唤醒孩子，触及内心、触及教育本质的温暖教育。

10多年过去了，李校长十年如一日，紧紧围绕微笑教育办学思想，深入探究育人实施路径，他带领团队构建了满足学生多元需求与发展的"SMILE"微笑课程，为学生提供了最优化的成长路径，并通过学科育人、活动育人、协同育人等方式，把微笑教育理念指引下的育人目标及内容落实于学校日常各项工作中，全程、全方位引导学生健康成长，让学生收获自尊与自信，而这也指引着第二小学教师充分展现自己的教育智慧，努力为每个孩子搭建丰富而多元的展示平台，让孩子体验成功的快乐。

如今，无论何时走入开发区第二小学，都可见到阳光自信、微笑绽放的孩子，微笑教育的美好已深植大家心间。2023年暑假，当我被教育局派去负责筹备新学校护林路小学时，我牢记李校教诲，坚持科学办学，始终遵循"事事落实，个个出彩"的校训，一步一个脚印，用心做有温度的真教育，并将微笑教育的思想灵活运用到办学中。我还带领学校团队构建了学校"逐光教育"文化体系，始终坚守儿童立场，努力把学校建设成为充满光明与希望，让师生获得存在感、安全感、幸福感的未来学校，为师生的可持续发展服务，让每一个孩子身心健康、茁壮成长，成长为"品格好、体格好、习惯好"的逐光少年，遇见更美的自己！正因有这份微笑的初心，方向明确，新学校开局顺利。办学虽仅仅几个月，但已在家长及社会中初步形成了良好的口碑。

言传身教，率先垂范的好校长

成员简介：

朱建东，广东省李悦新名校长工作室助手。广州开发区第二小学信息技术教师，信息技术高级教师，曾荣获黄埔区优秀教师称号。发表了4篇教育教学论文，其中2篇刊登在核心杂志上。曾主持1项省级课题，参与1项国家级课题、2项省级课题和1项区级课题。参与"品质课程实验研究丛书"《学校课程发展策略：SMILE课程的逻辑与深度》丛书的编写工作，参编校本教材《乐乐去观察》。

作为一名信息技术教师，我深知自己的业务知识不够扎实，教育管理理念也不够精深，还有很大的提升空间。当李悦新校长提出让我加入省工作室时，我知道这是提升自己专业能力的很好机会，于是毫不犹豫地选择加入。

一、宝贵的学习机会

这几年在工作室工作和学习，我接触到了很多前沿教育技术和教育理念，这对于我来说是非常宝贵的学习机会，为今后自己的教学工作提供了有力的支持。另外，通过工作室开展的走访诊断活动，我更深入地了解在诊断活动中通过"走访参观、听课巡课、座谈访谈、查看资料、分类研讨"等环节，可多维度、全方面调研学校情况，诊断办学理念，挖掘实施对策。

在广州开发区第二小学工作10多年，从与李校的相处中，我发现他不仅是一位好校长，还是一位好兄长。在教育教学管理中，他能创造民主、和谐、愉悦的工作氛围，唤起教师对学习的内在需要，帮助教师认识自己的才能和潜能，培养教师的创造精神和实践能力。无论是在学校还是在工作室，他都是言传身教，率先垂范。虽然他是学校校长、工作室主持人，事务繁多，但他都能主动承担起公开课，在师德和业务技能上都起到表率作用。当教师或学员面对工作上的疑惑时，他会将自己的工作和教学经验毫无保留地传授给大家，当有人遇到困难时，他一定给予真诚的关心与帮助。

二、微笑教育感动着我

经过这么多年对微笑教育的深入理解，我发现"核心素养"与微笑教育理念是相互融合的。"2355"微笑课堂模式不放弃一个学生，用轻松快乐的方式让学生学习。5种策略指引着教师的教学课堂，帮助学生愉快且高效地学习。在这样的环境下，教师在轻松愉悦的氛围中屡创佳绩，孩子在课堂中茁壮成长。

回首3年来走过的路，充实又快乐。工作室不仅为我提供了提高自身素质的空间，而且经过3年的学习与积累，我在专业技能方面收获颇多，受益匪浅，对未来更加充满信心。在今后的教育教学工作中，我也将更加严格地要求自己，锐意进取，开拓创新，为教学工作再添一抹亮丽的色彩！

三、我的感悟：寻找光，追逐光，成为光

不论是在现代都市的广州番禺、从化，还是粤北清远，以及偏远的

廉江中山小学，工作室成员在苦苦寻找中，希望找到生机和希望。他们在耳濡目染中，被我和我的微笑教育照亮，内心不再迷茫和害怕，而是有了底气和自信，变得淡定从容。他们被光温暖过，所以就想把光和温暖传递给更多人。工作室成员也成为光，去温暖更多的心灵。

正如一首歌中所唱："遥远的帆任风浪拍打，为梦再痛也不会害怕……我希望许过的愿望一路生花。"

我们一起努力成就了更好的自己，也成为彼此的骄傲。

是的，若你微笑，自得繁花。

不忘初心，方得始终。

——《华严经》

时间这位良师益友

它会教会人们成长、理解和领悟

让不辜负她的人变得更加成熟和智慧

无论你怎样前行

无论你是否停留

它都在默默地留下同行中的那些声音

真诚的、鼓励的和支持的

改变的、突破的和提升的

这些声音，如一股强大的力量

让我守护最初的梦想——

微笑可以创造无限可能

第五章 守 梦

——在崎岖险径中感受声音的力量

星霜荏苒，居诸不息。

寒来暑往，第二小学校园树木葱茏，向上生长。学子捧卷汲读，天真烂漫，他们的脸上洋溢着微笑，他们的生命在绽放光彩。

精进修为，工作室成员南粤名师辈出，治校有方。校长深耕厚植，乐此不疲，他们的目光专注而执着，他们的步伐坚定而有力。

一、各界的声音

面对这充满喜悦和舒展的生命和来自各界的声音，我们坚信，继续追随梦想，哪怕这条路是崎岖险径。

感谢李悦新名校长工作室为广东省名校长工作室所做出的卓有成效的工作。李悦新校长在多年的办学实践中，用微笑教育来引领学校发展，不管是从整个时代背景来看，还是从对学生综合素质的发展来看，都具有时代意义。同时，他能够继承学校原有的强调综合素质的办学特点，较好地发挥微笑教育的作用。整个微笑教育在学校实施过程中，从课程、课堂、教学到学生发展、教师发展以及教学评价，已经形成了整体系列化的实施，让从开发区二小走出来的学生是阳光的，是自信的，是自尊的，是能够按照时代要求培养的时代新人。同时李悦新名校长工作室在传播思想、传授方法、培养人才方面也做了扎实的工作，取得了积极的成效。

——广东第二师范学院培训与社会服务处处长、广东省中小学校长培训中心副主任　龚孝华

古人说："独学而无友，则孤陋而寡闻。"我很荣幸在校长生涯中遇到了李悦新这样的优秀校长。从校长的角度来讲，悦新校长给了我很多启迪与帮助，让我在校长专业化发展的道路上越走越好。从做朋友的角度上讲，我很钦佩悦新校长在办学实践过程中取得的优异成绩，我为他感到骄傲和自豪，为有这样的校长做朋友，感到幸福和欣慰。

——广东实验中学云城校区校长　柯中明

长期以来，我国的教育形态大多表现为"买地建工厂"，应试主导的知识加工模式成为教育的主流格局。本来应该关乎"人"的教育，变成了一味注重"才"的训练。当教育成为训练，就不是真的教育了。

教育应该是种花。虽然也可以有农场，有现代化、机械化的种花技术和手段，但终究还是种花。那就是要有生命、有人格、有精神，最重要的是要有微笑。微笑是人格的综合表征。如今动物都会"笑"了，而现代人却慢慢失去了笑脸，这是文明的倒退。真正的教育是要"拯救人类笑脸"的。

花儿都仿佛是"微笑"的，绽放就是花儿最美的微笑姿态。生命需要绽放，不能只是管束。真正的教育者应该是种花人，而不应该是只会管理的"监工"。

李悦新校长就是这样的种花人，他是一个理论与实践相结合的教育人、一线实操专家。他带领的广州开发区第二小学实行微笑教育办学

第五章　甘苦——在崎岖险径中感受声音的力量

理念后，教育教学质量大幅提升，学校办学实力大幅提升，学校品牌影响力大幅提升，学校办学规模不断扩大，如今是拥有4个校区的教育集团。他把一个落后的村办小学一步步打造成具有一定影响力的品牌学校，一个重要原因就是他紧扣微笑教育的办学思想，坚持不懈地进行探索实践。毫无疑问，微笑教育办学理念能改变一所学校的面貌，在学校发展道路上实现弯道超车。

微笑教育是素质教育的一面旗帜，虽然发展艰难，但依然有着顽强的生命力。因为它是根植于人性和伦理的"礼乐教化"，是培养现代君子的科学体系，是教育"双减"政策下的最美花朵。30多年来，素质教育风起云涌，太多的素质教育"产品"成了过往云烟。大浪淘沙，最终只有微笑教育有望成为最美的那朵花，绽放在现代教育的枝头。

——广州智库研究院院长 何池歆

二、跟岗心得

2016年10月30日—11月4日，广州市第8期卓越小学校长培训班的学员走进第二小学展开了为期一周的市内跟岗学习，以下是部分成员分享的心得体会。

感受微笑教育的魅力

一周的影子校长跟岗学习，我深深感受到开发区第二小学浓厚的书香文化氛围，匠心独运的微笑书吧，让阅读无处不在。我们被李悦新校长的个人魅力影响着，被这个求真务实的微笑团队熏陶着，被一张张快乐的笑脸感染着，每个角落都洋溢着微笑。孩子们在这里扬帆启航，在这里激情绽放！

广州开发区第二小学，在李悦新校长的带领下建设特色鲜明的微笑教育之路，在微笑教育理念的引领下，师生践行着微笑行动，"纯善德育""微笑课程""和乐教学""微笑教师"等活动项目的创建，让校园满溢欢乐，让师生快乐学习、幸福成长。

一周的跟岗之旅，我们忘不了学校大门口简洁大方的欢迎墙"迎着晨风，你微笑了吗？"和欢送墙"踏着夕阳，你进步多少？"；我们忘不了满腔热情的教育真人李悦新校长，忘不了青春洋溢的微笑教师，忘不了在舞台上精彩表演的孩子们，忘不了第二小学师生的音容笑貌，忘不了这里的一草一木，忘不了导师们的循循善诱。微笑教育文化熏陶了我们，激励着我们！我们既要脚踏实地，又要仰望天空，今后继续认真学习，努力践行社会主义核心价值观，做个真正的卓越校长！

——广州市增城区仙村镇第二小学　陈民慧

跟岗有感

通过几天近距离的学习，我收获良多，其中有两点让我有很深的感受。

第一是校长的人格魅力。校长高尚的人格魅力会产生强大的感召力，能凝聚教职工向着共同的目标迈进，能激励教职工努力奋斗。李悦新校长的人格魅力体现有三：一是专业素养。李校长是中学语文高级教师，广州市名校长培养对象，曾被评为市、省、国家级先进教师，萝岗区小语会副会长……这些足以证明李校长的专业素养。二是热情有礼。在跟岗学习前，第二小学早就制订好跟岗安排，在跟岗期间，李校长更是百忙中抽空给我们做讲座，与我们谈心、交流，一起参与学校活动。三是班子培养。李校长非常关心教师的成长，更注重对班子成员的培养，使他们都能独当一面。从第二小学的班子人员经常被挖角，而第二小学又能迅速培养出新人，足以印证这点。

第二是先进的办学思想。办学思想是学校内涵文化的最高体现，既是校长的教育理念在学校工作中的体现，也是学校全体教职工的智慧和创造才能的展示。第二小学的办学思想是微笑教育，侧重于孩子的发展。而以下两个理念很好地贯彻了这一办学思想：一是办学理念。"全面发展，张扬个性"是开发区第二小学的办学理念。进入校园，每一个角落、每一项活动都诠释着这一理念。校园环境、校园氛围、微笑课堂等体现着坚持孩子的全面发展。而体育特色项目、微笑社团等又很好地张扬孩子的个性，让孩子的特长得到充分展示。二是教学理念。"教给知识，留下微笑"是开发区第二小学的教学理念。围绕着这一教学理念，开发区第二小学在进行"微笑课堂"的实践。教师们把微笑毫不吝啬地传递给学生，拉近师生关系，活跃课堂气氛，引导学生学会学习，提高学习效果，达到高效课堂。

正是有第二小学人的不懈努力，为孩子们营造了一个良好的育人环境，才让他们得到充分发展。

——广州市花都区花东镇中心小学　江庆列

传递微笑

我不止一次走进第二小学，而这一次却有别样感受。

一、德艺双馨，坦诚相授

开发区第二小学有一支德艺双馨的"微笑教师"团队。我校与第二小学甚有渊源，两校曾开展同课异构活动，我也不止一次观摩第二小学的优秀课例展示，二小的教师具有良好的专业素养，学校先后培养了一批省市区学科带头人、名师、骨干教师，为学校实施微笑教育提供了强有力的人力资源保障。学校在打造教师团队方面有一整套成熟且卓有成效的做法。学校开发了"教师五项教艺修炼"课程，旨在培养实力型教师团队，将"教师五项教艺修炼"课程分学期进行课程培训，并开展竞赛、展示、总结活动。学校还完善了"合作、互动"学习机制，整合各方面的培训内容和师资，建设学习型组织，并通过"青年联谊会""教师论坛""教师沙龙""教师博客"等平台，交流读书心得，提升教师素养，构建书香校园。学校还制订教师专业成长规划，引导教师全面分析自我，激发专业成长的意愿，引领教师朝着"合格型""能手型""科研型""专家型"等不同层次的教师专业发展目标而努力。学校还向兄弟学校输出了一批骨干教师和中层干部。由于学校一直坚持团队培训，学校工作并没因此而停滞不前。我们所见的几位新提拔的行政人员做事干练、有条不紊，组织"奥运冠军为梦想助力"热烈而有序，可见其工作注重细节；导师下校指导，工作留影即时送到，可见其工作注重效率。给我们讲课的谢老师亲切谦和、基本功过硬，虽然是临时安排，讲课内容却精彩纷呈，可见学校教师团队的课程理念深入人心，教师培训工作扎实有效。

广州开发区第二小学倡导微笑教育，"把微笑毫不吝啬地传递给学生、传递给同事、传递给家长"，营造良好的师生关系、学生关系、家校关系，形成和谐的共同体，"让校园的每个角落都充满微笑"，每个第二小学人自内而外地生发喜悦之情。经过短短一周的跟岗学习，我觉得第二小学做到的不仅仅是这些，它还让每个进入第二小学的客人都觉得亲切而舒服，把微笑送进每个有缘人的心坎里。进入第二小学的第一天，小小讲解员和陈锋主任就领着我们参观了学校，我从每一面墙壁、每一个角落、每一个相遇的面孔都能感受到微笑文化的韵味。之前我一直捉摸不透"乐园"中那两块奇石为什么叫"坦心石"和"若谷石"，随着跟岗学习的逐步深入，我豁然开朗。从教22年，我参加的大大小小、长长短短的培训不少，跟岗学习也不是头一遭，走访、参观的学校达百所，先后结盟为友的学校也近十所，但是若论到"坦诚相授"，开发区第二小学是实至名归。也许它并不是我所认识的学校中最出类拔萃的，校长、老师也不是我所接触过的最具影响力的，但在这里，我却收获了最多的感动！

还记得在北师大上课期间，因为对知识的渴求，每次上课后我们都毕恭毕敬地恳请老师留下PPT，若如愿，便欢喜得像个得了糖果的孩子；但遭拒后悻然而返毕竟是常事。走访名校，可学之处比比皆是，恨不得多生几条腿，多长几双眼睛，参观了校园、听了介绍，更想进一步了解理念如何落地、具体措施如何，小心翼翼地探询，对方却是虚词婉拒，无法一探究竟。而在开发区第二小学，上至校长，下至普通教师，只要是教育教学方面的，往往不待问及便和盘托出。即使离开第二小学，我拿着学校赠送的资料：《创建义务教育阶段特色学校发表文章》《开发区第二小学内控管理手册》《微笑课程——乐乐上学了》《社会实践系列活动——乐乐去实践》《晨读经典》《读经典学习作》，依然能感受到第二小学李悦新校长和教师们的坦诚、热情与无私。

二、亲近自然，关注生命

开发区第二小学有十大美景，最吸引人的是"乐园"，这里有郁郁葱葱的树木和花草，有瀑布、小桥流水，还有极具童趣的小动物玩偶：它们或是藏在草丛中的小白兔，或是丛林里的奶牛、小猪，或是竹林中的大熊猫，或是隐现于葡萄架上的鹦鹉，一切是那么有趣和可爱，就连我们这些成人也忍不住童心萌动，禁不住上前合影留念。正值深秋，但葡萄架上却不见枯枝败叶，仔细端详，原来学校独具匠心，把假的葡萄藤缠绕在葡萄架上，久而久之，真假葡萄便浑然一体，乍看去，真假莫辨。我们的教育一直提倡要"关注儿童""从儿童的视角出发"，校园文化从欢迎墙、欢送墙、笑脸墙到"开心一笑"墙，从遍布校园各个角落的"微笑书吧"到绿树红花与小动物相映成趣的生态"乐园"，从普及健康、自救、互救知识的"健康与安全体验室"到模拟城市生活的"交通城"，无不蕴含和外显着这一教育理念，在充满童心童趣的天地里，儿童得以诗意、健康地"野蛮"生长。

如果说"亲近自然"更多地体现在校园显性文化建设中，那么，"关注生命"则更多地彰显在隐性文化中，如悦心管理；亲近自然，笑对生活的纯善德育；关注儿童、关注生活、关注科学的微笑课程；教给知识，留下微笑的和乐教学。这些都成为教育的最终落脚。

开发区第二小学教学质量一向有口皆碑，但从来不片面地追求升学率，学校着眼学生的可持续发展，积极推进"一二三四"工程，这一科学的育人模式具体到"学会一种以上的乐器，学会一项以上的体育健身技能，学会一种益智游戏"，为实现"全面发展，张扬个性"的素质教育目标打下了很好的基础。学生有来自城区的，也有来自农村的，尽管他们有着不同的家庭背景，但在学校，他们都能找到适合自己的教育并得到良好的发展。课堂上，他们主动学习，积极自信；校道上，他们活泼好动，大方得体；舞台上，他们个性张扬，多才多艺。学校倡导在学生共同性的基础上，充分把学生的差别性显示出来，他们讲求私人定制，追求完善学生的个性，激发学生的创造性。每周二下午，学校都举办"乐乐当家"活动，为有专长的学生开专场，学校为有书画等艺术特长的孩子开辟专版，每月一换。这些举措让孩子们激扬生命，自信快乐！

三、节日文化，润泽童心

过节是大人、孩子都向往的快乐时光，系列的节日活动已经成为第二小学的一张亮丽的名片。学校从中国传统节日文化中汲取智慧灵感，赋予其全新的教育内涵，每年举办丰富多彩的特色节日活动，如"快乐读书节""趣味数学节""缤纷英语节""创意科技节""活力体育节""多彩艺术节"等。在素质教育的大潮下，现在几乎每所小学都有自己的节日文化，学校把节日教育与课程改革相结合，注重学科融合和跨领域的应用，为师生搭建了展示和实践的成长平台，很好地使孩子们在德智体美等方面得到生动活泼、全面协调的发展，也推动了教育教学质量不断攀升，结出了素质教育的累累硕果。我尤其欣赏他们的数学节，通过形式多样的数学活动，孩子们在欢声笑语中进一步认识数学、亲近数学、挑战数学、玩转数学，师生们在活动中展示自我、张扬个性，很好地诠释了微笑教育的理念。此外，第二小学还把读书节过成了常态，阅读是学子每天的生活主色调，而学校也在竭力营造读书的氛围，力争让每一面墙壁、每一个角落都焕发出文化的韵味。墙上的读书格言和标语激发了孩子们读书的兴趣；一楼大堂、楼梯底、拐角处的微笑书吧让学生课间、放学可以尽情遨游书海；古诗长廊，学生与先贤古人一同吟唱……书卷的气息扑面而来，师生共同徜徉书海，浸润心灵。

开发区第二小学学子经过6年的学习变得乐观向上、自立自信，他们收获的是面带微笑的知识、方法、能力、心境……而我们，经过短短一周的跟岗学习，获得的是前行的动力！传递微笑，将点亮我们的教育人生！

——广州市增城区增江小学　李燕清

魅力第二小学

为期一周的跟岗学习圆满结束，得到广州开发区第二小学李悦新校长和全体行政人员的热情接待，一周的跟岗学习活动安排得很好，让我们从各个方面深入了解了学校的办学情况，收获良多。

一、魅力校长

李悦新校长是一个很有魅力的优秀校长，在李校长的汇报和闲聊中深深感受到他的个人魅力。李校长个人奋斗经历可谓跌宕起伏，从他乡辗转多地，到最后扎根开发区第二小学改变引领学校发展，充满了传奇色彩。一个优秀的校长要有创新精神，李校长的创新精神就是工作做在前，做细做好每一件工作，工作有目标有想法，每学期做好做实一件事。李校长一直致力学生的发展，从办学理念——全面发展，张扬个性，到学校的管理——校园文化、课堂、社团活动等都凝聚了李校长对孩子们的关爱，为孩子们的发展提供各种平台，搭建展示舞台。李校长的办学理念、教育管理、教育行为都诠释着一个优秀校长的神圣使命。

二、魅力教师

第二小学的教师年轻有活力，教育教学基本功扎实，一专多能，才华横溢，无论是课堂还是社团活动都展现出魅力教师的风采。学校的发展离不开这支高素质的教师队伍，学校也倾力于教师专业发展的培训，不断让教师成功成才，从而学校得到更好的发展，学生更幸福，家长更放心。

三、魅力学生

有了好校长的引领、好教师的如沐春风的教育，自然就生成好的学生。第二小学的孩子给我的印象是活泼开朗、阳光自信、多才多艺。课堂上精妙的发言、激烈的争论，舞台上自信的表演，才华绽放。孩子们尽情享受着学校、教师给他们带来的美好校园生活。

四、高效运作

第二小学的合作团队高效管理，高效运作。学校的任务繁重，活动较多，如果没有一个优秀的团队，没有好的管理是难以运行的。在一周的跟岗观察中，我深深感受到学校的高效管理，我们参与的所有活动都有条不紊，秩序井然。这都源于李校长的管理理念，他要求管理人员、行政人员都要有独当一面的能力，每年都要独立组织一次大型活动。每次的工作任务、活动都要有一个详细的方案和解决问题的措施、预案，要求团队成员有好的执行力。行政团队的能力得到提高，优秀的管理团队就形成了。

五、精细管理

李校长很注重细节，他强调每一件事都必须做细做实，才能做得好。在我的观察中，学校处处都体现了校长这种管理理念、作风。校园文化环境布置得非常精细，布局合理，一花一木、人与动物，和谐自然。厕所墙壁的布置都精妙文雅，校内每一个墙角都包了边，防止孩子碰到受伤。从丘主任介绍的社团建设与管理中更能体会到学校的精细化管理，1000多人的社团活动，通过她的组织调配，活动井然有序。精细化管理更是体现以人为本的教育管理的具体实施。

六、特色鲜明

第二小学的教育教学活动亮点突出,丰富而有成效。在一周的学习观察体验中,学校的微笑课堂、家校合作、传统羽球、社团特色、生命教育、五大节都给我留下深刻的印象。在这些教育特色亮点中,我们可以知道学校是结合自己的办学理念(全面发展、张扬个性)通过不断发现和满足学生发展需求而逐步形成的。而坚持也很重要,学校一直都坚持做好这些教育教学活动,并慢慢从成熟走向成功,得到家长、学生、社会的认可,参加各项比赛也取得优异成绩。这些特色亮点教育从课堂到活动,从校内到校外,从传统到创新,从个体到全体都能照顾到每个孩子的发展。孩子们在这里是幸福的,因为能够在学校里找到自我,找到自信,找到自己发展的方向。

七、文化引领

文化能铸造灵魂,只有文化才能让人类坚守住自己的精神家园,也只有以文化育人,人的素质和境界才能全面提高。第二小学无论是校园的物质文化、管理文化还是精神文化都做到了精致。学校持久恒定的团队精神能引领一种正气,培植一种精神,实现一种突围,真正实现教师、学生、学校共成长。

虽然一周的跟岗学习很短暂,但开发区第二小学却深深感动了我,校长、行政班子和教师热情的接待及周到的服务让我们能安心愉快地学习。从学生个体到学校整体的发展,学校的办学理念和校长的魅力、魄力及团队建设等各方面都给了我们很多的思考和启迪,值得我们借鉴。我每天都会看到第二小学会议室墙上墨子的一句名言:"志不强者智不达,言不信者行不果。"这是第二小学人的真实写照。

——广州市番禺区石楼镇莲花山小学　麦健明

开发区第二小学跟岗之校长角色探究

跟岗学习期间，我们通过参观校园、与学校行政班子交流、观看学校宣传片、听取校长微笑教育特色报告、听取各部门负责人工作汇报、观看大课间活动、观看微笑课程活动、听评微笑课堂示范课等深入研究开发区第二小学李悦新校长的领导力和学校的办学特色。

一、成绩斐然

2009年，开发区第二小学在李悦新校长的带领下走内涵式发展之路获得的荣誉："中国基础教育品牌总评榜素质教育领先学校""广东省书香校园""广东省青少年机器人竞赛最佳判断专项奖""广州市体育传统项目学校（乒乓球、羽毛球）"等多项国家、省、市、区荣誉称号。

近年来，开发区第二小学校长李悦新带领全体教师开展了微笑教育的实践和研究。所谓微笑教育，就是教师以高尚的人格魅力和教育艺术感染学生，用发自心底的爱去滋养学生的心田，点燃学生的学习欲望，使他们在充满慈爱的激励中经常保持满足、快乐、积极、稳定的情绪，从而帮助他们找到自尊、自强、自信的教育。办学理念：微笑教育，绽放微笑；办学目标：微笑教育，标杆学校；育人目标：微笑少年（品性善良、聪慧好学、活力飞扬、才艺多元、阳光自信）；实施策略：愉悦环境、纯善德育、悦心管理、和乐教学、微笑课程。这形成了微笑教育的办学理念系统和课程文化系统。

二、现实困难

李悦新校长于2009年来到开发区第二小学，遭遇了生源不足、师资短缺等困难。当时正好遇到附近一间农村小学校被水淹需要合并过来，以车代校，生源和师资都不尽如人意。另外，由于萝岗区政府行政中心的搬迁，好的生源随之流失。2014年，因创办科学城小学抽去了一部分得力中层干部和优秀教师，2016年遇到区教育大发展，新创办了8所学校，又抽走了一部分得力中层干部和优秀教师，最多的一次走了18位教师。后来又来了23位教师。现在临聘教师占三分之一。由于合并了一所小学校，场地不够用，2009年，扩建了一幢综合大楼，并且在5年间没有停止过改建。当时李校长是以一个科组长的身份应聘做了副校长，主持学校全面工作。如此艰难的开局，开发区第二小学的发展并没有受到影响，反而像一辆上了高速路的快车，想停都停不下来。总之，李悦新校长在开发区第二小学排除了一切困难，取得了卓越的成绩。

三、原因分析

（一）校长的领导力决定学校的发展力

李校长经过观察、实践、反思，与团队成员反复研究，最终确定微笑教育品牌。为打造微笑教育品牌，形成学校的办学理念文化系统、特色办学系统、课程文化系统，确定了学校发展的方向后，他组织相关人员，投入足够的资金实施微笑教育，开发区第二小学就如上了高速列车，飞速向前发展。李校长告诉我们，做校长要有目标，于学校，一学期要做一件大事；于自己，每年至少要发表一篇论文。

（二）校长的文化领导力影响学校文化

李校长坚持以人为本的理念，深挖微笑文化，将微笑文化与学校教育相结合。他所营造的学校环境文化充分体现了"亲近自然，关注学生"的治学理念。学校的一花一草、一石一墙、一景一物都充满了童趣和教育意义。学校还充满了人文关怀：让校园的每个角落都洋溢着微笑。让学生体验到"老师是用心底的爱来滋养和教育我们的，只要我努力学习，我有进步了，我的某一个方面有成绩了，老师都会高兴的"；让教师们感受到只要努力工作，做出成绩，学校是能看到的，自己也会得到发展的。学期结束的工作总结不是长篇大论，而是用图片说话，每位教师、每个职工都能找到自己工作场景的照片，听着优美的音乐，大家看到照片中的自己，顿时明白了领导看到了自己的工作，看到了自己的艰辛，一切的不满和抱怨都烟消云散。

（三）校长的课程教学领导力将理念落地生根

微笑课程包括基础课程、学科拓展课程、环境性拓展课程、活动性拓展课程。这些课程合力培养品性善良、聪明好学、活力飞扬、才艺多元、阳光自信的微笑少年，也就是从德育、智育、体育、美育、劳育5个方面去设置生命课程、自然课程、礼仪课程、感恩课程。其中生命课程包括生命教育的心灵家园课程、生理健康课程、心理健康训练营课程、羽毛球课程、乒乓球课程；生存教育包括安全体验课程、微笑社团、乐乐上学了、乐乐去实践；生活教育课程包括校园中植物观察课程、舞蹈训练课程、民乐训练课程、语言与艺术课程、科学小星星。自信课程包括诵读经典课程、数学思维拓展课程、攀登英语课程、乐乐当家。礼仪课程包括校园常规礼仪、社会交往礼仪、生活行为礼仪、庆典活动礼仪。感恩课程包括心怀感恩课程、感恩教育大课堂。学校组织教师编写了《乐乐上学了》《乐乐去实践》等校本课程，出版了《晨读经典》《读经典学习作》两套书。

为了有序、有效地实施课程，打造微笑课堂，学校设置了开发区第二小学教师5项教艺修炼课程，内容包括语言艺术、仪容仪态、三字一画、教学能力、家教指导，并带领教师开展课堂教学研究，追求和乐教学的终极价值：教给知识，留下微笑，形成有第二小学特色的"3F课堂"教学模式，即鱼（fish）、渔（fishing）、愉（funny）。具体而言，就是在教学过程中，教师坚持以生为本，通过发挥自己的主导作用，引导学生在宽松和谐的气氛中无拘束、轻松愉快地去思考、学习，从而获取知识，掌握技能，得到"鱼"；在互动交流的学习情境中掌握学习的方法，收获"渔"；在轻松、愉快、和谐的环境中快乐学习，感受到"愉"。11月4日，我们听了谢玉兰老师执教的统编版小学语文第8册第四单元第13课《猫》。这节课充分体现了和乐教学、微笑课堂的魅力。

（四）校长的内部组织管理和外部协调能力是学校发展的关键

开发区第二小学能够在困难重重的情况下取得飞跃发展，在内部组织管理上，首先是李校长推行"悦心管理"：把微笑渗透到校园的每一个角落。中层做好协调和服务工作，教师在愉悦的环境中开心地工作才能把微笑带给孩子。中层间的协调主要是合理分工，如教学处主任和副主任分管不同的工作，在工作上不是上下级关系。每个中层必须经历组织一次大型活动或者迎接一次上级评估、检查的历练。其次靠团队作战，即打造教师团队，不是培养教师个人，用李悦新校长的话说，教师团队形成了，哪个教师离开学校都没有关系，因为他的团队还在。最后是靠规范管理。学校所有工作都形成一套规范的程序，每一个活动的方案都想得非常细致周到。在研读《开发区第二小学内控管理手册》时，我发现他们的制度完善，可操作性强。我们在10月31日下午参加了学校组织的《2016年优秀教练员、运动员下网点活动》，活动有序高效完成，活动方案详尽地列出每个环节的负责人。外部协调内容很多，包括对上级、社区、兄弟学校、家长等。开发区第二小学在与家长的协调中做得尤为出色，学校被评为"全国家长学校示范基地"。家长通过家长学校、家委会、家长会等加强和家校的交流与沟通，成了学校、老师的朋友，家庭教育成了学校教育的延伸和补充。

——广州市黄埔区东区小学　叶杏妹

初探微笑教育成功奥秘

在开发区第二小学领导的高度重视下，一周的学习安排紧凑而高效，因有李悦新校长及其行政团队毫无保留的经验分享，学员们收获满满。

于我个人而言，在跟岗学习之初最想解开三个秘密：一是微笑教育何以成为校本特色？二是微笑教育为什么会成功？三是李悦新校长的领导魅力何在？

跟岗学习一周以来，从校园每一个仿佛会说话的景物里，从孩子们一张张欢乐的笑脸上，从老师们洋溢着温暖的言谈中，从一本本内容丰富的活动教材里我找到了答案！而这3个问题的答案似乎又是一样的。

答案一：该校以"为每一个学生的终身幸福奠基"为指导思想

纵观国内众多名校，校本特色五花八门，而微笑教育听起来有点泛泛而谈，究竟缘何会成为开发区第二小学的校本特色呢？学校教育究竟教什么——这是每一所学校确定校本特色的基础。李悦新校长认为，学校教育要"教给知识，留下微笑"。"微笑"是一种态度，也是一种状态，既教给孩子应对未来人生所需的知识，培养他们笑对人生的乐观态度，也不欠孩子一个欢乐的童年！不难看出，开发区第二小学把微笑教育确定为校本特色，真正体现了"以生为本""全面发展"的教育理念。

答案二：规范管理、有章可依

本次跟岗学习给我留下最深刻印象的莫过于该校部门分工的井然有序以及管理手册、各类自编教材的科学完善。首先说说部门分工，近几年，因骨干教师较多往中心城区调动，开发区第二小学面临行政队伍缺失严重的局面，李悦新校长充分挖掘教师队伍中的优秀人才，任人唯贤，内部提拔主任助理，并做到层级管理、平行管理两手抓。比如在这一周的跟岗学习中，该校每天的经验分享都做到专人负责、一管到底。

该校的规范管理还体现在制度的书面化、具体化上。在《广州开发区第二小学内控管理手册》中，事无巨细又面面俱到：上至行政管理制度，下至教师绩效考核方案；内有人事管理制度，外有家委会工作职责；前有教务教学管理，后有总务安全管理。而在德育方面，感恩教育有校本教材，实践活动有自编教材；在阅读教学方面，更有李悦新校长亲自执笔主编的《晨读经典汇编》。

微笑教育的成功有赖管理制度的严明，有赖全校上下的齐心协力，但是我认为有一点最为重要，那就是要有"一个好校长"。

答案三：一个好校长就是一所好学校

要问李悦新校长的领导魅力何在，我想，经过这一周的接触，答案已在我们心中！

专业魅力——李校长作为广州市语文学科的优秀骨干，具有较高的专业素养，上得了好课，写得了好文，开得了讲座，教得了新人，因此在教师心目中自然是"以才服人"。

人格魅力——从李校长的言谈中，我感受到了他追求教育理想尽心尽力的那份真诚！他说，希望孩子们有一个快乐的童年！他说，希望孩子们为将来奠定坚实的基础！他说，希望老师们可以感受到学校对他们的关注！他说，希望家长们可以看到孩子的快乐成长！他说……这样一位热爱教育事业、敢于创新的好校长，怎能不"以德服人"呢？

解开开发区第二小学微笑教育成功的奥秘，答案也许还有很多，我想只要我们用心去想、用心去做，还会有许许多多成功的"幸福教育""开心教育""和谐教育"……

——广州市花都区新华街第五小学　钟丽华

三、跟岗日记

（一）广州市卓越小学校长促进工程第一期培训班成员跟岗日记（节选）

2018年4月16—20日，广州市卓越小学校长促进工程第一期培养对象深入开发区第二小学进行跟岗学习，以下是部分成员的日记节选。

遇见微笑，所以微笑

跟岗第二天早上，开发区第二小学的英语科组和数学科组分别向我们介绍了他们学科"微笑课程"的开展情况，下午观摩了体育科组的"微笑课堂"。我们感受到了"微笑课堂"的"三F"：鱼（fish）、渔（fishing）、愉（funny）。

在教学过程中，教师坚持以生为本，通过发挥自己的主导作用，引导学生在宽松和谐的气氛中无拘束、轻松愉快地去思考、学习，从而获取知识，掌握技能，得到"鱼"；在互动、交流的学习情境中掌握学习的方法，收获"渔"；在轻松、愉快、和谐的教学环境中快乐学习，感受到"愉"。

英语教研组组长胡杰老师的分享为我们呈现出一幅幅"纯善、微笑、和悦"的学习活动画面，让我们受到很大的启发。

接着，数学科教研科科长方静蓉老师以"让孩子在数学课外活动中绽放笑脸"为题，通过实实在在的教学活动介绍了数学组坚持在社团课、午读等时段开展丰富多彩的课外活动，如七巧板、24点、挪火柴、数独、数学日记创作、数学故事讲演等，让学生在游戏中学习、在学习中获得身心的愉悦。通过观看数学科的计划方案和活动展映，我们感受到开展数学课外活动可以让更多的孩子走进五彩斑斓的数学世界，既可以让学生在游戏活动中学习，又可以让学生在学习中获得身心的愉悦，还可以启迪学生的智慧、开阔学生的视野、锻炼学生的思维能力。

方静蓉老师为我们分享数学科的活动，让我们深深体会到了微笑教育的魅力。

下午，我们在李薇主任的带领下参观了学校的环境，李薇主任介绍，学校所有的设计都是李悦新校长亲自把关的，设计理念是实用性、美观性、教育性融合，让每一个地方都能为学生服务，都能展现学校的风采和学生的榜样，充满温馨与微笑。

随后我们观摩了开发区第二小学的微笑课堂：体育课《发展手臂支撑力量》。教师的设计巧妙合理，师生配合密切，学生合作紧密，整节课在愉悦热烈的氛围中度过，连我们听课者都被带动起来了。

时光飞逝，夜幕临近，第二天的跟岗学习即将结束，夕阳的余晖洒在身上，我们没有一丝疲劳的感觉。我们期待明天的到来，期待再次遇见微笑！

——广州市花都区新华街第九小学　黄广钿

充满温情的微笑教育

2018年4月16日，我们广州市卓越小学校长促进工程第一期培养对象第四小组成员一行7人来到广州开发区第二小学，开始了为期一周的跟岗学习。培训项目组把第二小学定为校长培训的跟岗学校，是因为该校在近20年的办学历程中，成功创建了特色鲜明的微笑教育品牌，完善了微笑教育办学文化理念体系。

一、幽美的校园环境

4月16日上午8点，我们参加了开发区第二小学每周一定期举行的升旗仪式。由于下雨，升旗仪式在室内进行。第二小学的学生集中在体育馆，各班分别列队，整齐安静地等待着升旗仪式的进行。首先，随着国歌伴奏音乐，全体师生高唱国歌，场面让人激动。其次，是国旗下的讲话。作为一种常见的德育方式，开发区第二小学的国旗下的讲话已经坚持了10多年，由班主任、各科任教师，或者是优秀学生代表做国旗下的讲话，这项仪式总是能激发起学生进步的动力。最后，是对上星期各班表现的总结和表彰。来跟岗学习的校长们觉得，学校的升旗仪式虽然已经司空见惯了，但是，从开发区第二小学那样有秩序、有冲击力，又扎扎实实的升旗仪式中可以看到学校对学生的教育抓得很细，对学生的教育深入人心，他们的做法值得我们进一步学习和研究。

二、让孩子微笑每一天

升旗仪式结束后，校长们在会议室听取了开发区第二小学李娟副校长做的"让孩子微笑每一天——SMILE课程建设专题"讲座。微笑教学是开发区第二小学微笑教育的重要组成的部分。根据微笑教育的理念，开发区第二小学构建了多元化的"微笑课程"体系，为学生创造了一个富有激情与美趣的成长环境。"微笑课程"体系的构建强调关注儿童、关注生活、关注科学。学校的4类课程让学生能够多元学习、自主选择、全面体验。第一类课程是基础课程，即现行的国家课程。第二类课程是拓展课程。例如，语文课程：诵读经典课程、课外阅读活动课程、习作课程；数学课程：小学平面几何拓展课程，小学计算、巧算拓展课程；英语课程：英语写作课程、英语周（口语）课程；科学课程：校园动植课程、科学小星星课程；艺术课程：乐器与歌唱课程、版画课程、手工课程；体育课程：羽毛球课程、乒乓球课程等。第三类课程是特色课程，以学生能力突出、具备个人的学习特色为目标。例如，艺术课程：民乐训练课程、合唱训练课程、舞蹈训练课程、色彩与绘画课程、篆刻课程；数学课程：奥林匹克数学课程；体育课程：专项训练课程；节日课程：校定节日课程、传统节日课程、公众节日课程等。第四类课程是活动课程，以活动为载体，作为学生与外面的世界互动的指导。

讲座结束后，校长们与开发区第二小学的领导做了简短的交流，并开展了组内的自由讨论。大家都认为，开发区第二小学成功开发了微笑课程，给了我们一个重要的启示：学校要眼界开阔，就必须以学校教育理念为中心，把学校的各项活动和培养学生的目标结合起来，并且长期坚持开展下去，这样才能取得预想的结果。

三、纯善德育，微笑少年

4月17日上午，我们听取了开发区第二小学陈绍琴老师的"做纯善德育，育微笑少年"的主题报告。

第一，第二小学微笑德育可以说是内容丰富，形式多样，措施有效。学校围绕"纯善德育"这个中心，建立了五级架构、五级课题、五级培训、五级评价。完整的德育思路，指导了完善的学校德育工作。

第二，学校德育需要具体落脚点。一是感恩教育；二是开展好少先队活动，要求做到有具体内容，有过程，有总结；三是开展一些以小见大的大型活动，如小故事大道理、小主持大智慧、小歌手大舞台等学生活动；四是做好几个队的训练，对外树立良好形象，包括鼓号队、专项队、特色队。另外，开展学校、年级、班级三级德育建设，由学校指导、年级督促、班级具体实施（其中还包括各班的德育环境建设等）。

第三，家校携手，共育新人。

根据班级的特点，第二小学开展不一样的家长会，如安排班级情况的总结介绍、学生才艺展示、家庭教育分享等内容。另外，学校还非常重视家长学校的建设和活动的开展，定期举办家长学校活动，使家长充分理解学校的德育工作，并积极加入学校德育体系。

四、微笑课堂效果好

下午是第二小学教研活动的展示，内容是语文科组的教研活动。一节语文课，以及课后教师们的评课活动，展示了第二小学有效的教学教研活动。授课的周老师的教学语言、教态、对教材的把握和对课堂的掌控能力都很强，显然已经完全熟悉这种教研方式。学生虽然并不太放松，但是表现自如，不拘谨，也不过分活跃，在教师的引导下，一步步完成学习任务，课堂效果比较好。在评课过程中，教研组组长郭艳的评课比较全面，从课堂上的引导和课堂重点的把握，尤其是按微笑课堂的理念对这节课进行了点评，既评述了这堂课的优点，也提出了这节课的不足。花都的潘校长也对这堂课就教学的内容、形式的安排，特别是对教师的主导作用准确把握方面，提出了改进的建议。第二小学语文科组教师的素质和较高的专业水平，语文教师队伍的素质让校长们羡慕，更给跟岗校长们留下了深刻的印象。

一天的跟岗活动，校长们充分了解到了第二小学德育活动的全貌，也深入了解了教学教研活动开展的情况，活动既踏实，又有效，在如何有效开展学校德育工作和如何有效进行校本教研方面启发性很强。用我组潘校长的话说就是"在这里当学生，应该很幸福"。

五、魅力社团，增见识长智慧

4月18日是我们到开发区第二小学跟岗学习的第3天。教导处副主任丘文梅老师给我们做了"精彩社团活力飞扬"的专题讲座。为了发展学生的兴趣与特长，促进学生的全面发展，学校紧紧围绕微笑教育理念，坚持每年开展"微笑六节"（艺术节、科技节、读书节、数学节、英语节、体育节）活动，在每周三下午第二节开展丰富多彩的社团活动。据丘文梅副主任介绍，学校争取到了家长义工和培训机构的大力支持，社团活动覆盖了语文、数学、英语、音乐、美术、体育、科学、综合实践等基础学科，一共有45个，全员参与，实行走班教学。

我们现场观摩了葫芦丝、古筝、羽毛球、武术、舞蹈、魔方等好几个社团活动，觉得孩子们热情高涨，社团活动有一定的质量。据丘文梅副主任介绍，学校的舞蹈队刚获得黄埔区舞蹈比赛的第一名，多名羽毛球队员获得市、区一级比赛的冠军，武术队也刚获得黄埔区的2个单项冠军和团体季军。

开发区第二小学活力四射的魅力社团给孩子们全面发展提供了很好的平台。孩子们沐浴在春风细雨中，能保持满足、快乐、积极、稳定的情绪，增长了见识，增强了自信，提高了综合素质。

开展社团活动的主要障碍是人员问题。开发区第二小学给我们提供了很好的经验。人员不足，可以通过内部挖潜和借助家长力量解决。学校开展社团活动，重在培养孩子的兴趣，发挥孩子的个性特长，一般不需要开展高大上的活动，也不需要非常拔尖的师资团队。音体美等专业老师不够用的话，可以内部挖潜，有一技之长的老师、家长很多，等着我们发现。如果某位老师有特长，就要充分发挥他的优势，就要好好地经营一个特色项目，能做大做强就更好了。

六、党建工作规范，有计划易操作

4月19日是我们跟岗学习的第4天，这一天过得非常充实。年轻的支部委员吴美玲老师以"严肃抓党建，微笑促教育"为题向我们详细介绍了学校党支部的建设情况。近两年，学校高度重视党建工作，25名党员（含退休党员2名）年富力强，政治觉悟高。学校的党建工作规范性、计划性、操作性都非常强，形式多样，值得我们好好借鉴。熊沁老师给我们做了题为"中国梦微笑绽放，红领巾迎风飘扬"的专题讲座。她不但是学校的大队辅导员，还担任毕业班语文教学工作，工作量之大让我们肃然起敬。少先队是学校德育、美育工作的主阵地，第二小学"红领巾议事堂""红领巾相约中国梦""乐乐去实践"等活动开展得有声有色，好评如潮，体现了组织者的智慧和担当。

没有谁会随随便便成功，历经20年的发展，如今开发区第二小学已经成为学生成长、教师发展的摇篮，而学校支部建设、团队建设工作是其坚强的堡垒。这几天给我们印象最深的就是学校老师们的微笑、自信、干练，第二小学的确是一个藏龙卧虎的地方。

七、微笑教育绽放光芒

4月20日是第四小组在开发区第二小学跟岗的最后一天。李悦新校长与跟岗校长们见面交流，在两个多小时的座谈中，李校长介绍了自己的成长经历和开发区第二小学创建微笑教育特色的想法和做法，跟岗校长们认真倾听，不时提问，宾主都很尽兴。

李校长首先谈了自己的成长历程，从内地管理一个主校区三个分校区的校长，到南下广东任职民办学校教师，再到通过招聘考试来到开发区，并在公开选拔校长的考试中获得任职，经历不复杂，却也不容易。谈到开发区第二小学的发展，李校长先回顾了2008年到开发区第二小学任职以来所遇到的困难，包括教师队伍的变化，主要是骨干教师的相继调离和新入职教师的能力不足和不安心工作；校长的学校管理思想和教师们认识的落差；连续不断的学校基础建设；行政班子的不团结。所有的困难，只能通过自己的努力解决。李校长一方面通过制度建设规范教师教育教学行为；另一方面，通过情感管理，让教师的思想认识与自己更加接近，造就了今天学生喜欢、家长信任、教师齐心、班子主动的好学校。教师虽然工作辛苦，但人人乐意做事，培养了一批又一批快乐又多才多艺的学生。

开发区第二小学的发展道路也经历了从学校自己探索到专家指引，再到与省内外兄弟学校抱团发展的过程。李校长介绍了第二小学的微笑教育特色的来历，介绍了开始时学校自己的探索，专家给予的指导。开展微笑教育，源于李校长对学生成长、社会对教育的误解和对教育现状的认识。他认为，教师和学生的成功，一要靠别人的鼓励，二要靠自己找准位置。正所谓"三百六十行，行行出状元"，学校不必要求学生都是一个样子，更不必要求学生都能考高分。

今天的开发区第二小学，已经成功营造出快乐、融洽的学校氛围。李校长说，微笑教育的成功，源于专家的指导，源于家长的认同，源于团队的努力，源于在专家指导下对学校特色的挖掘。在不断探索中，学校梳理并形成了微笑教育的思想体系。学校的发展建设没有专家的指导不行，全靠专家的指导也不行，必须调动全校的力量。

通过研究微笑教育的定义和内涵，结合世界微笑日的意义和我国微笑教育的发展现状及开展微笑教育的意义，如今开发区第二小学的微笑教育已经形成了特色鲜明、较为完备的微笑教育文化系统。该体系包括办学理念、精神文化系统、组织文化系统，也有在充分实践的基础上所总结的有效推进的措施。悦心管理、纯善德育、微笑课堂等内容，在学校管理的各个方面纷纷绽放出微笑的光芒。

李校长诚恳的讲述给了跟岗校长们很多启示。学校管理中的民主管理和人文管理如何有效结合，教育教学管理的显性措施和隐性措施的各自作用，学校的"教师十大美语""十大忌语"，"打井式"的常规教育，等等，这些做法都值得校长们研究、思考、引进。

——广州市卓越小学校长促进工程第一期培养对象第四小组成员　李菲、郭卫民、汤广荣、练炽明、陈镜练、李小玲、潘否儒

跟岗交流，感受颇多

今天是跟岗交流最后一天。上午8：40我和花都区跟岗交流组7位校长一起，观看了学校的特色活动"第二小学艺术成果展"，节目丰富多彩，从中了解了学校的办学目标：努力探索出一条深挖自身资源、创新驱动原创的特色发展之路——建设特色鲜明的微笑教育品牌学校。学校微笑教育理念统领下的校训是"今天你微笑了吗？"学校理念是一个学校的灵魂，是流淌在学校"血液"中、浸透在学校"骨髓"中的东西。我们了解到，开发区第二小学在1997年9月建成后就有了理念的设计和文化整体的规划。学校就是在这种办学理念的引领下，在短短的几年时间里获得了"广东省一级学校"的荣誉。

同时，通过李悦新校长的介绍，我们还了解了开发区第二小学的"微笑课程""微笑德育"等实践活动。特别是家长志愿者进入课堂，开办了"故事妈妈""晨光爸爸"等课程，使学校不仅开发了家长资源，让家长参与到学校教学和管理中来，而且得到了广大家长的认可。在李主任的带领下，我们参观了校园。校园到处都有办学理念的体现，随处都有扑面而来的文化气息。让我感受最深的，一是学校围绕创新型的"花园式校园"，从教学楼建筑的设计，到楼的走廊都是一体绿色植物；二是围绕"微笑"理念，每个班级的布置、专用教室的布置，都体现了"微笑"。

此次跟岗交流，感受颇多。

——广州市黄埔区何棠下小学　陈振华

他山之石，可以攻玉

时间过得飞快，在开发区第二小学4天的跟岗学习转眼就过去了。

第三天，我们卓越校长促进工程培训班的8位校长，听取了开发区第二小学教导处丘文梅副主任关于学校微笑社团"精彩社团活力飞扬"活动的汇报，并开展了座谈，深入活动现场，全面了解了开发区第二小学开展微笑社团活动的丰富经验。丘主任从"全面统筹，提早计划；丰富多彩，注重实践；认真备课，扎实开展；规范管理，及时调整；成果展示，总结提升"五大方面向我们介绍。在座谈过程中，我们发现开发区第二小学的教师多才多艺，不但教学经验丰富，而且对学生、学校及家长能承担责任，奉献自己。学校还充分利用家长这一资源，家委跟教师一起主动投入社团的教学工作，成了开发区第二小学创办特色学校的坚实力量。

第四天，我们参与了第二小学与荔城第二小学校际交流的特色活动，观摩了微笑课堂：美术《编织乐园》、语文《乡村四月》，亲临现场感受微笑课堂的魅力。美术课堂《编织乐园》，教师课前设计精美，富有吸引力；课上指导学生实践操作。学生通过动口、动脑、动手，在轻松、愉快的气氛中学到了知识，锻炼了能力。语文课堂《乡村四月》，教师运用多种形式的朗读引领学生领悟诗歌的含义，这样的感悟比直接灌输要更透彻、深刻！

正所谓他山之石，可以攻玉。开发区第二小学之所以有现在的规模与成就，不是一年两年的结果，而是通过一次次不断地加强师资队伍建设，一次次开展文化建设活动，以滴水不漏的工作态度，培养造就一批批优秀的祖国花朵，才得到学生、家长、社会的信任与支持，使其不断地成长、壮大。

——广州市花都区新华街金华学校　任海燕

（二）广州市卓越小学校长促进工程第三期培训班成员跟岗日记（节选）

2018年10月15—19日，广州市卓越小学校长促进工程第三期培养对象深入开发区第二小学进行跟岗学习，以下是部分成员的日记节选。

（左侧竖排）

梦想之路 微笑领航——我和我的名校长工作室

同课异构，精彩纷呈

2018年10月16日是我们来到开发区第二小学跟岗学习的第二天，通过学习，大家受益匪浅。

在这里，第二小学为我们安排了百千万名师培养对象同课异构课——《老人与海鸥》（2006年人教版小学语文第11册第七单元第21课），本篇课文是课标六年级上册第七单元的第一篇文章。首先为我们呈现的是开发区第二小学的郭艳主任，郭主任紧紧围绕"深情"两字，通过铺垫目标、导入新课，整体感知、厘清结构，聚焦细节、深入体会，深入学习、感知写法，对比修改、迁移写法，梳理总结、强化目标等几个步骤，环环相扣，层层深入地讲述了老人爱海鸥、海鸥依恋老人的情深意切。整节课气氛活跃，引人入胜。

接下来出场的是黄埔区怡园小学的赵美娴老师，赵老师以人为本，朗读穿插，引导学生个性化阅读，在阅读体验中感悟文本，学生在交流中敢于发表自己的意见，走进动物和人的情感世界。赵老师运用了自主、合作、探究的学习方式，引导学生走进自主探究的境界，提炼文本中的几个画面，使学生感受到人与动物的深情。整堂课目标准确，层次清楚，尤其是分组标题式提炼法深深映入我的脑海。不过本课最大的不足就是在规定的时间内没有完成教学目标（拖堂）。

同课异构，精彩纷呈。

——广州市黄埔区香雪小学副校长　李朝辉

好校长就是一所好学校

微笑教育这个优质品牌在李悦新校长的带领下，在第二小学团队的努力下日臻完善并闪烁耀眼的光芒！因为我们曾是同事和多年的好朋友，我感受到了这些年他的不易与为学校不辞劳苦的付出。但这次跟岗让我更近距离地走近李悦新校长，仔细审视这所学校时，我更真切地感受到了他的智慧、才情、境界、精神、坚忍……李校长走过这些岁月，成就此项事业，取得这些成果，何其不易，那是怎样的殚精竭虑！那是怎样的上下求索！

今天，我们十分有幸地聆听了李悦新校长对微笑教育系统的阐述。首先，他回顾了第二小学取得的成果，展示了创办20年来的令人欣喜、自豪的斐然成绩。紧接着他推心置腹地和我们谈起从学校的改造、基础设施建设到承办3所分校的艰难；从因地域原因骨干教师的流失到乍到第二小学初为校长时人员管理的困惑，难言之隐令人心酸！然而苦衷的背后，我们又读出了一位平凡而又伟大的小学校长坚韧不拔的意志以及对教育事业的真诚与担当！

一个教育品牌的创建、形成非一朝一夕之功，非一时一地之事，它需要整个团队的努力，更凝聚着校长的心血！它需要一个背景、一个契机，甚至一份灵感，但更需要校长有正确的办学思想、先进的办学理念。它不仅需要进行顶层的缜密设计，需要建立完整的文化系统，更需要校长带领团队努力践行，有矢志不渝前行的力量！

最后，李悦新校长从愉悦环境、悦心管理、纯善德育、微笑课堂、阳光课程、微笑教师6个维度谈了他的实施措施，非常全面、系统且卓有成效。尤其是悦心管理环节，我们欣赏了很多感人的画面，感动之至。此时此刻，我不由得想起了古语："用兵之道，攻心为上，攻城为下；心战为上，兵战为下。""驭人者，攻心为上。"我想此乃李悦新校长管理的高超之处，也是他自身极具人文情怀，有一颗真诚、善良、善感、温润的心所致。泰戈尔曾言："不是槌的打击，而是水的载歌载舞使鹅卵石臻于完美。"在教育的王国里，在我们学校领导实施管理的过程中，何尝不需要我们深思与学习！

一位好校长就是一所好学校，校长的思想就是学校的灵魂，校长的品位就是学校的文化，校长的努力铸就学校的品质……

李悦新校长有思想、有情怀、有品位、有担当、有智慧、有行动力的个人魅力，值得我们每一个跟岗人细细品味，潜心学习！

在感悟中提升，在实践中成长。我将以李悦新校长为榜样，奋起直追，走向卓越！

——广州市黄埔区玉鸣小学校长　李国英

微笑学生变勇敢：那件事真令我沮丧

菲利普斯曾说过："失败是成功之母。"可是，当一个人经历挫折时，无论如何都会气馁，甚至垂头丧气。那件令我沮丧的事虽然已经过去了一段时间，但是，我觉得像是发生在昨天，历历在目，记忆犹新。

"从七沟八梁的黄土坡走来……"这声音曾经敢与百灵鸟悦耳动听的叫声媲美，因为那里也曾有我的声音，而如今，听起来如针在刺耳。唉，经典诵读队又开始训练了……

一下课，我和往常一样，兴高采烈地跑向体操房，谁知老师却叫我先站在一边。我正迷惑不解时，老师又叫了许多人和我站在了一起，我们像被捉进笼子的小鸟手足无措。"够了吧！"老师们商量着，接着又对我们解释说："我们区赛成绩不错，荣获了一等奖，接下来就要参加市里的比赛了，由于人数太多……"剩下的话我一句也没有听见，泪水如同决了堤的洪水涌了出来，我也不知道自己是怎么走回家的，眼前浮现出我们大汗淋漓排练时的一幕幕，有辛苦，有欢乐，有收获……想起这些，泪水如同断了线的珠子，唉……

从那以后，无论我怎么竖起耳朵去听，经典诵读队都没有了我的声音，没有了，没有了……唉……

妈妈说得没错："多好的一次锻炼机会啊，失去了！记住：机会对我们每一个人都是平等的，关键是看你怎么去把握它，世上绝对没有随随便便的成功……""三分天注定，七分靠打拼，爱拼才会赢……"随着这悦耳的歌声飘入我耳，我的心情豁然明亮了许多，轻松了许多，是的，努力做更优秀的自己。

天有阴晴，月有圆缺，同样生活也不可能时时处处顺心如意，它是七彩的、五味的、丰富的。经历了那件令我沮丧的事，我一下子成熟了、长大了，也学会了笑对沮丧，更学会了勇敢、积极地面对学习、生活。

——广州开发区第二小学学生　方兴

微笑教师会赏识：做微笑教师，让孩子健康成长

"起始于辛劳，收结于平淡。"这是我们教育工作者的人生写照，在烦琐的工作中，如何让我们的心不疲惫？如何保持一份职业幸福感呢？最近我读了一本书《做一个幸福的教师》，深深地感到只有一个有教育幸福感的教师才会把这种幸福传递到孩子身上。幸福感源自什么，因人而异，一份美食、一个信仰、一份友谊……作为一名教育工作者，我最大的幸福也许就是看到孩子们快乐的笑脸、健康地成长吧。

从教18年，教了几轮下来，我才发现孩子们自有他成长的曲线，急不来、躁不得，于是，我变得愈发宽容、淡定、心平气和，发自内心的微笑变得更加真诚，教育因此变得幸福无边。因此，我个人认为：一个微笑的教师，一个友善、包容、懂得尊重学生的教师，才能让孩子健康成长。

可是，我们常常犯的错误是：忽视成长曲线，忽视学生差异，重复揠苗助长的故事。

大家可能都听过这样一个故事《陪着蜗牛去散步》：上帝交给人一个任务，叫他牵一只蜗牛去散步。可是蜗牛爬得实在太慢了。人又是催促，又是吓唬，又是责备，可是蜗牛只是用抱歉的目光看着，仿佛在

说："我已经尽力了！"人又急又气，对蜗牛又拉又扯又踢。蜗牛受了伤，爬得越发慢了。人真想丢下蜗牛不管，但又担心没法向上帝交代。人只好耐着性子，让蜗牛慢慢爬，自己则以一种接近静止的速度跟在后面。就在这个时候，他突然闻到了花香，原来这里是个花园。接着，他听到了鸟叫虫鸣，感到了微风拂面的舒适。后来，他还看到了美丽的夕阳、灿烂的晚霞以及满天的星斗。这时他才体会出上帝的巧妙用心："他不是叫我牵着蜗牛去散步，而是让我陪着蜗牛去散步。"

通过这个故事，我们看到"牵着蜗牛散步"与"陪着蜗牛散步"竟能产生两种截然不同的心境和效果！"牵着蜗牛散步"会让我们抱怨、指责和烦躁，而"陪着蜗牛去散步"让我们感到的却是诗意、浪漫和清新，就像夏日的清风，让人感到轻松和愉悦。

教育不也是一样吗？当孩子遇到不会的题时，我们着急，甚至嘶吼、怒骂，可是孩子只会越发胆小，越发恐惧，越发不会学习。如果换个角度，当教师们站在珍视每个学生生命个体的高度去体谅他，微笑着关爱他的成长、保护他的自主发展时，师生之间的关系才是同心、同行的。这种关系会让学生感到一种鼓励和向上发展的动力。因为微笑，不仅仅是一个简单的表情，它更多的是体现内在——一个教师对学生的爱。

这让我想到了我们班上的一个孩子，父母的离异让他缺乏安全感，特别不自信，注意力也特别不集中。当时，他学拼音学得很慢，写字也很慢，连续几次考试都不及格（不会，没有做完）。如果换成以前的我，会很着急，或许情急之下也会说一些重话。可是，这次我没有，因为我看到了他怯怯的眼神里写满了无辜，似乎在说："我已经尽力了。"因为我看到了他父亲和母亲虽然分开了却始终陪伴着他，一直坚持让他按照老师的要求读、记、写。当然，我更看到了孩子单纯的内心，他懂事、有礼貌，做值日时特别认真。对啊，蜗牛就是蜗牛，小兔子就是小兔子。在童话世界里，小兔子固然机灵可爱，但蜗牛也有它的优点啊。于是，为了给他信心，刚开始的时候，每一次小考之前，我都悄悄先让他把试卷做一遍再参加班级考试，成绩出来了，如果有进步，我就在班上大力表扬。开始听写时他的作业本几乎都是空的，我陪着他订正、重听，后来他能写出的词越来越多了，虽然还是我们班最差的，但我还是告诉他：你已经越来越棒了。这个孩子有他自己的成长节奏，他没有放弃，家长也没有放弃，虽然"爬"得慢一点，但是有什么关系呢？我相信，只要他不厌倦学习，不丧失学习的信心，他的努力会由量变发展为质变。我的微笑给他带去了勇气，一年级学期末，他的语文考了92分，当听到这个分数时，全班学生兴奋地一起为他鼓掌。

带着"陪蜗牛散步"的心情，用欣赏的眼光来看待孩子，少一些功利，多一分耐心，即使是山谷里寂寞的野百合，也会迎来万紫千红的春天。

教师能做到心平气和了，有的学生家长却不行，"焦虑"是他们和我聊天时说得最多的词。一年级刚入学，孩子们就迎来了最难的拼音。想当初，我们五六年级了学ABC都困难，何况是一年级的孩子就要跟一堆声母、单韵母、复韵母打交道。孩子们学得很慢，拼读也很慢，复习了很多遍，还是慢。家长就开始着急，觉得自己的孩子接受能力差，自己忙得前仰后翻了，还是没有起色，陷入了绝望之中，在家长群里各种埋怨，群风相当不正，充满了负能量。这个时候，我觉得该出手了。我批评他们的抱怨给孩子们带来的不良影响，并告诉他们，孩子现在拼得慢是再正常不过的事情，拼音现在只需要认识，以后会不断地巩固，没有学不会拼音的学生！慢慢地，家长们的抱怨没有那么多了，信心也找回来了。第一单元拼音考试孩子们的平均分88分，第一学期期末考试平均分就接近98分了。孩子的学习是有过程的，我们要慢一点，等等他们。后来家长也慢慢体会到了，他们开始反思、尊重、关注、欣赏、期待，微笑面对孩子，心平气和地对待孩子。

让我们慢慢来吧，教育这碗汤本就是需要文火慢炖才更有味的。

微笑是教育理念，是教育情怀，也是一种教育方法，更是一种教育过程。微笑教育，注视的是孩子的未来！

最后截取一段来自一位班主任的话，与大家共勉——

无论成绩好坏，请想想：每个孩子都是种子，只不过每个人的花期不同。有的花，一开始就灿烂绽放；有的花，需要漫长的等待。不要看着别人怒放了，自己的那棵还没有动静就着急，要相信是花都有自己的花期，细心地呵护自己的花，慢慢地看着它长大，陪着它沐浴阳光风雨，这何尝不是一种幸福呢？相信孩子，静待花开。也许你的种子永远不会开花，因为他是一棵参天大树。

——广州开发区第二小学老师　曾海清

微笑班级有力量：用微笑构建和谐的班级文化

捷克教育家夸美纽斯曾说："孩子们求学的欲望是由教师激发出来的，假如他们是温和的、循循善诱的，不用粗鲁的办法去使学生疏远他们，而用仁慈的感情和语言去吸引他们；假如他们和善地对待他们的学生，他们就容易得到学生的好感，学生就宁愿进学校而不愿停留在家里了。"

孩子每天在学校的时间超过6个小时，班级就是他们的家，老师就是他们的父母，他们最初的世界观、人生观、价值观从这里形成。因此，班主任应学会思考：到底要教育出怎样的学生，带领出怎样的班级？这恰恰就是建设班级文化的核心问题。

我很确定，我并不想培养出高效冷漠的学习机器，而想让他们成为温暖善良、有"人情味"的人，让班级成为一个友爱的集体。

"随风潜入夜，润物细无声。"杜甫的这句诗就是建设班级文化最好的理由。过去，追求班级的纪律性、班规的权威性成了班级文化建设的重点，作为只入职一年的新老师，我也没能避免这个错误，苦苦地追求一个"听话"的班级，结果并不遂人意。直到班里的一个学生改变了我的想法。

由于家庭教育没有到位，这个学生上了小学一年级仍常常表现得像幼儿园的孩子一样，想哭就大哭，生气了就冲出教室，我越是追着他，他就跑得越远，我只能停下来看着他，竟发现他也停了下来，躲在墙角偷偷看我，表情委屈而倔强，但小眼睛不停地在打量我。我瞬间明白了，嘴角露出了笑意，对他招了招手，示意他过来。他还是戒备地盯着我，我笑意更浓了，过了半分钟，他试探地走近我，喃喃自语说："同桌欺负我，我想妈妈了。"

曾经我一度认为，高高在上的威严是作为教师最必不可少的"武器"，尤其是班主任，每天面对孩子的时间很多，总觉得缺少了距离感和陌生感，就像失去了震慑学生的法宝。而这件事情让我明白，只有赢得学生的信任，才能让学生服从管理。而我赢得他的信任，仅仅用了一个微笑。这个微笑有一种神奇的力量，在我和学生之间搭建起了一座通向心灵的桥梁，让我们成为朋友、家人。

于是，我更加确信，以微笑为核心的班级文化一定是温和而强大的，它更像是在山间盛开的莲花，沁人心脾却不张牙舞爪，以最舒服的姿态感染着每个人。同时它又强大而坚韧，以滴水穿石之力慢慢影响着每一个孩子。微笑只是一个表情，而当它升华为班级文化，就变成了一座看不见的桥梁，将每一个学生从狭隘的自我世界送到大爱的疆界。微笑是每个人的权利，是不同年龄、性别、地位的人都能做到的事情。最难得的是它有"传染性"，它将乐观因子传播到每一个角落，从个人到班级再到校园，到处一片和谐，这正是建设班级文化最好的结果。

我始终坚信，微笑的班级文化对班级的影响是巨大而深远的。

有一些班级的学生，他们在细微处总透露着一股躁动气息，成功时仰天大笑，旁若无人；挫折时垂头丧气，神色闪躲。不知不觉间，表情和言语都变成了攻击的武器，伤害了朋友、亲人，也让自己狼狈不已。

有一些班级，它们的气质犹如一股清流，流过所有的挫折和荣誉，把困难当成磨炼，把成功视为意外惊喜，棱角都放在心底，打磨出最光亮的弧度去面对一切挑战。班里每一个人的内心一定都藏着一种坚定的力量，把这种力量乘以四五十倍，便是一个班级的最大的底气和武器。

这种坚定的力量来自温暖的心，来自有趣的生活，来自对情绪的合理把控。之所以提倡以微笑为核心的班级文化，正是因为微笑有一种神奇的魔力。在这飞速发展的浮躁时代，它给了教育一种柔韧的坚持和静待花开的耐心。这让我想起发生在班里的一件感人的事情。班里有一名特殊的男孩，他先天残疾，每只手只有4根手指，品德课上我让孩子们互相认识，握手问好，他的同桌看见他的手后故做惊恐状，并且发出了嫌弃的声音，我当时是生气的，但努力抑制着情绪，对他的同桌说："你很幸运拥有这么特别的同桌，其他同学都没有这个机会呢，你不想多了解他吗？"

同桌犹豫了很久，伸出了手，我虽欣慰，但还是隐隐地担心。特殊是藏不住的，也不能置之不理，那不如大家一起来正视它。于是，我开展了"笑纳缺陷"的主题班会，主动展示了我自己身上的疤痕，告诉孩子们，每个人都有自己的缺陷，也正因为这些缺陷，每个人都是独一无二的，应该正确对待他人与自己的不同。此时"特殊"男孩的同桌站起来说："老师，就像我的同桌一样，他只有4根手指。"

另一个女生站起来说："可是他的数学一样考100分！"此时班里个子最高的男孩子喊了一句："加油！"在他的带领下，全班都高兴地对这名"特殊"男孩高喊："加油！加油！加油……"从那以后，我再没有听过任何的嘲笑和嫌弃声。"特殊"男孩变得不再"特殊"，因为班里的所有人都从心底里认为，这真的没什么值得嘲笑的，因为每个人都不一样。

每个孩子生而向善，若不是感到不安和威胁，他们不会举起稚嫩的盾牌与全世界抗衡，而我们要做的，是给他们安全感，让他们卸下不必要的盔甲，完全融入集体生活。班级应该是学生学会生活、学会学习、学会合作的地方，不需要那么多的强权。不讲人情，人就会慢慢冷漠；不谈生活，人就会变得无聊无趣。日复一日，年复一年，孩子已经不晓得自己是否需要倾诉和宣泄了，这时候再强行给他们灌输"理解和爱"是不现实的。

　　为此我做了不少努力。我要求大家每天微笑着向同学、老师问好。从班干部开始，每天管理纪律都必须用"请"字，提醒同学时要小声，注意言辞。面对班里有的同学来告状，我要求孩子在告状之后必须说一条对方的优点，以此让他们明白"眼睛发现美"的道理……尽管事情琐碎，但能看到孩子们的进步，我还是由衷地感到高兴。

　　微笑教育是和谐、自信、诗意的教育。微笑不一定代表开心，但至少它代表着一种向上的心态，一个班级需要这种向上的心态。对"微笑"的认同，对微笑教育的自信是建立共同文化的基础，心之所向一致，才有微笑班级文化，才能将微笑的正能量一直传递下去。

——广州开发区第二小学老师　邱静雯

环境育人，力量无穷

　　昨天一个朋友来广州某中学参观学习德育工作，我很自豪地跟她介绍我们学校说："我们学校的班级文化工作是做得最好的，来我们学校学习吧！"

　　感谢李校长的高标准和高要求，没有李校长的高要求，就没有今天我们为之感动、喜爱的班级环境。班级建设意义深远，感谢李校长的高瞻远瞩！感谢邓校长和王老师带领的行政团队对我们每个班的关爱和指导，每个改善的细节里不仅有班主任、各科教师、家长对孩子的期望和爱，更有行政团队的影子。记得我们班进门左侧的"芽芽公告"做好了以后，有热心人士无意拍了一段视频传到班级叮叮群，我听到里面有王老师惊叹的声音，话语声满满的宠爱，就像妈妈对自己孩子一样的爱。很多时候我们的老师、领导替孩子们着想，默默付出的时候我们是看不到的，我真的很感谢第二小学的领导和老师对孩子无私的爱。

再说说我们班的班级文化建设，在我心中，这次班级文化建设是最成功的！每一处细节都有班主任、各科老师、家长对孩子的考虑和关爱。孩子们从中看到的是家长对他的在乎，其实老师和家长的关系，在孩子们心中就像爸爸和妈妈的关系，孩子希望自己的爸爸妈妈和老师关系融洽，一起关注自己的成长。对于孩子们而言，他们在这个过程当中看到了大家团结并一起努力解决问题的场景，感受到了这种班级凝聚力和向上的积极力量，这也是难得的教育。

起初我认为我们的班级文化做得很好看，但不明白为什么要整改。后来经过班主任的讲解，我体会到，在班级文化建设里不只是要好看，更要体现对孩子的重视和爱，要体现班级的精神风貌。再后来，几乎全班家长参与进来，我觉得这次整改意义更大了，以前做班级文化就我和几个家委成员，这次全班家长参与，每个孩子都能找到自己喜欢的、安全的区域，这个主意太棒了。

家长一直想给孩子最好的、想要的环境，这次不就是最好的机会吗？一个人的力量有限，环境育人的力量无穷，更何况现在家长的焦虑只增不减，孩子需要一个自由和充满爱的环境。

——广州开发区第二小学家委副主任　胡琳

发言·感恩

当李校长准确喊出8个孩子的名字时，当邓校长说常回家看看时，当王主任数次哽咽着发言时，当各位老师泪洒最后一课现场时，当孩子和爸爸妈妈拥抱时，所有的真情在流露，浓浓的爱和不舍充满了礼堂。感恩有这么好的学校！感恩关爱学生的校长和老师们！感恩愿意为班级付出的家委和家长们！这份付出在未来必定会收获芬芳的花朵和累累的果实。

——广州开发区第二小学家委主任　常晓红

越合作，越共赢

特别感谢李校长倡导的微笑教育理念，孩子们积极锻炼，参加学校丰富多彩的活动，从而得到综合素养的提升。

因为第二小学搭建的优质教育平台，怡煊在学习方面产生了强大的内驱力，最终在小升初竞赛中取得优异成绩。我们没有花钱让她参加补习班，没有花钱让她到校外机构学习口才，更没有参加所谓的"××杯""××赛"考级或比赛，而是充分利用学校的平台和学习机会，学校平台让我们的努力一点儿都没有白费。

在此，我想说一句心里话："请相信学校的引领，让孩子积极参与学校的活动，越合作，越共赢！"

——广州开发区第二小学家长　陈怡煊妈妈

微笑社团成效显：微笑社团，让孩子微笑每一天

在"微笑文化"理念的指引下，我校非常重视微笑社团课程的建设，通过多年的探索和实践，微笑社团课程已经成为我校极具特色的亮点，让每个孩子在丰富多彩的实践活动中发现、施展自己的才能并快乐地成长。

围绕"微笑文化"主题，我校近年来建设的微笑社团特色课程主要有六大块。

一、语文特色课程

包括语言艺术、校园解说引导员、课本剧与戏剧社、妙笔生花小作家、普通话与口才。开设目的是全面开发学生的语言天赋，发展学生的语文实用能力。此课程的开设培养了一批批小朗诵家、小演讲家、小相声演员。每次的期末社团展演都博得学生的阵阵掌声，每次的校园十景解说都博得各路来宾的高度好评。

二、数学特色课程

智拼七巧板、妙移火柴棒、速算24点、巧填数独、玩转魔方等课程，着重培养学生的逻辑思维能力、心算速算能力和空间想象能力。由于做到早计划、有步骤、严要求，教学成果在每年的快乐数学节上得到了充分的展示，我校也成为首批"广州市小学数学游戏活动项目实验学校"（全市只有8所小学）。

三、音乐特色课程

合唱、民乐、舞蹈、葫芦丝、电声乐等在每年的区、市中小学生音乐才能表演赛中，屡获佳绩。葫芦丝和电声乐队多次站上广东少儿春晚的大舞台，《竹楼情深》获得了"2018广东少儿春晚"优秀节目奖。2018年6月，由第二小学主办，黄埔区摇滚乐协会协办，广东广播电视台和《南方都市报》提供媒体支持的"摇滚音乐盛宴，第二小学微笑前行"摇滚音乐会在我校隆重上演。我校的小苹果乐队、飞扬乐队、彩虹糖乐队在舞台上星光闪耀，嗨翻全场。这个流光溢彩的盛宴充分体现了第二小学微笑教育浇灌的艺术之花正姹紫嫣红地开遍校园！

四、美术特色课程

包括泥塑、篆刻、软硬笔书法、折纸、剪贴画、摄影、剪纸等课程，学校大厅、楼梯过道等到处有微笑学子们的各种优秀艺术作品。由艺术组主办的大型马勺脸谱比赛场面震撼。学校有3块艺术展板长期展示着孩子们的个人书画作品，每月更换一次，一个个小书画家在第二小学的微笑教育园地里茁壮成长。

五、体育特色课程

课程设有羽翼飞扬、乒乓球跳跃、快乐足球、卧虎藏龙田径、全力以赴武术、快乐轮滑等。我校是市羽毛球项目特色学校，从一年级开始抓起，在每年的区、市"市长杯"羽毛球比赛上屡获殊荣；武术队的小队员们多次参加黄埔区中小学武术表演赛和体育舞蹈比赛，均获得多项个人一等奖和团体一等奖的优异成绩，再次证明了我校"微笑体育"特色课程的实施卓有成效。

六、科技特色社团

小小科学实验家（生物、天文、化学、物理）的课程开展成效卓著，每年我校都会由校领导带队到北京参加全国小小科学实验家竞赛，获奖成绩在广州市名列前茅。

为了践行微笑教育，学校全力打造更多的微笑载体，全面搭建微笑舞台，发展学生的个性特长，形成学校特色。以下丰富多彩且富有个性的活动项目，为学生张扬个性、施展才能提供了更广阔的舞台。

"乐乐当家"舞台是为孩子们准备的星光大道。对于孩子来说，或许他只会唱一首歌，或许他只记得一首诗歌，又或许他会写一手好字……但只要他愿意，第二小学"乐乐当家"的舞台就为他准备。"给孩子一个舞台，还大家一个惊喜"这是"乐乐当家"的创办宗旨。"乐乐当家"以年级为单位，节目有器乐演奏、唱歌、舞蹈、小品、讲故事、课本剧、相声等，节目从编排到上台均由家长和孩子或学生们合作完成。美术作品展示有书法、绘画，学校提供专门展区，每月一更新。家长负责为孩子装裱作品、制作海报。"乐乐当家"的舞台是学生们的，舞台上下常常飘荡着学生们的欢声笑语，常常出现学生们享受艺术文化的身影。

"微笑六节"是一个全年布局的主题化、系列化、节日化的特色项目，旨在鼓励和培养学生展示自我、张扬个性、树立自信。学生们在校园生活、学习中感到"节日不断、快乐相随"，很好地为微笑教育培植了文化土壤。科技创意节（3月）、趣味数学节（4月）、多彩艺术节（5月）、快乐读书节（10月）、活力体育节（11月）、缤纷英语节（12月），丰富多彩的节日活动为学生创设了展现自我、张扬个性的舞台。

《星星河》校报是宣传我校微笑教育思想、办学理念和展示学校办学风尚和成果的"微笑文化"窗口。校报由学生题名，内容由学生、教师和家长撰稿，由教师们排版、编辑。每期17个栏目，《夸夸我自己》《艺术小明星》《我想对你说》《艺海拾贝》《科技小达人》等栏目，内容丰富多彩，充分展示了第二小学微笑学子的才艺多元、活力飞扬。

在微笑教育思想的引领下，我校"微笑文化"建设已取得显著成效。微笑社团已成为我校微笑教育的主阵地，"微笑六节"、"乐乐当家"、《星星河》校报等微笑载体正载着一批批第二小学学子朝着活力飞扬、才艺多元、阳光自信的优秀少年目标飞翔！

——广州开发区第二小学老师　郑超

四、活动感言

2017—2018学年第二学期拓展活动学生、家长、教师感言如下。

我们在你身后，回来！

"回来！回来！回来！"2018年5月5日，一个我永远不会忘记的日子。那天，我们曾奋力地拼搏过，呐喊过，那5个背影被镌刻在了心头，火焰般永不熄灭。

"你们四周都是铜墙铁壁，你们被关在里面，你们只能从上面穿过，不能说话，能依赖的只有你的队友，如果有一个人不在乎，那么你们将会全部都困在其中。"这掷地有声的话压在我们心头，从那一刻起，我们都知道了，我们所依靠的只有我们的同学、我们的同伴。要么生，要么被困在里面。

5名指挥官在地上做着俯卧撑，1个、2个……他们的手臂在打战，额头在冒汗，已经快撑不住了。当时是他们义无反顾地站了出来，现在也是他们无怨无悔地站了出来。当教官问他们："你们到底放不放弃！"他们铿锵有力地回答："我们还要继续我们的挑战，我们永远都不会放弃。"字字铮铮，砸到了我们的心上，眼泪早已决堤，站在他们后面，我们无能为力，只能眼睁睁看着他们被罚吗？我暗自握紧了手中的拳头，睁着红肿的双眼，走到他们后面，深深地一鞠躬，原谅我不能用言语来表达，只能捂住嘴看着他们。

在阳光与泪水的洗礼下，我们在成长，明白了何为担当。那四面铜墙铁壁，画地为牢，禁锢住了我们，是不是逃出去我们就有了勇气和担当？我想逃，可我们不能看着我们的指挥官眼睁睁地受罚，我们能做的，是绝不触碰那条线，不触碰底线，让保护我们的指挥官也被我们所保护：你已护我们良久，现在轮到我们了！

当我被抬起送出去的那一刻，双脚离地，可是我不害怕，因为我信任我的同伴，我知道我一定能安全落地，我知道把大家都送出去也是指挥官的愿望。

当所有人都撤离了"铜墙铁壁"，只剩一名指挥官还站在其中，几百号人都在外面，只有他一个人还在里面，凝望着我们，眼里带着一丝茫然、一丝快乐。他想放弃他自己了，我们的人群中爆发出了一个声音："回来！回来！回来！"每个人都已经泪流满面，我们是出来了，可是他还在里面，他的脸上第一次露出了无助的神情。"回来啊！回来啊！"几百个人一起喊道，声音里有了哭腔。"我们在你身后，回来！"他想放弃自己，但他成全了大家，他薄弱的双肩是那么伟岸，扛起了大家，扛起了你我，更扛起了彼此，泪水爬上了每个人的脸庞，漫过了红肿的眼眶。

他背影对着我们，我们知道他也在哭。慢慢地，他转过身来，看了看同样哭泣的我们，缓缓吐出几个字："好，我回来！"他脸上挂着泪，却有着最坚强的笑。我们齐心协力把他从里面拉了出来，他是我们永远的指挥官。

6年的同学了，世界很小，能让我们相遇；世界很大，能让相遇的人再也不相逢。等到剧终了，幕落了，各自离开了，还会记得有那一双双手，给了我温暖，给了我坚定。

我们在你身后，回来吧！

——广州开发区第二小学学生　郭萃怡

爱，离我们不远

屋子里静极了，只有雨点敲打屋檐的"乒乓"声，似吟唱，似梦呓。记忆里铁马金戈，不禁涌现出烈日下做着俯卧撑的指挥官们……

一个烈日炎炎的星期天，我们来到望牛墩参加拓展活动，享受亲子活动的快乐时光。我们参加了许多团队游戏，感受到了"人心齐、泰山移"的力量。但最冲击我心灵的，还是最后一项跨越"生死线"……

在偌大的足球场上，映入眼帘的是一根长长的红线，连接着球场的两头，我们要齐心协力把同学从这边送到对面去。规则是：①不能触碰红线及红线以下部分；②除指挥官外，所有同学不能说话；③不能抛弃自己的队员。

每个班选出1名总指挥组织大家跨越"生死线"。我们班的廖云翰毅然承担了指挥官的责任，我不禁在心中为他叫好。因为教练说过，如果我们违规，指挥官就得为我们受罚，但我们有15次免罚机会。我们个个跃跃欲试，没有团队意识，结果一下子就用掉好多次机会。随着免罚机会的减少，我们慢慢地团结起来，有人抬肩，有人抬腰，有人抬腿，终于一个一个过去了！但总有人一不小心就违规了。

"最后3次机会，最后2次机会，最后1次机会！"教练激动得大喊。忽然"啾"的哨声响起，刺激着我的耳膜，大家疑惑又紧张地停止了，教练非常气愤地说道："指挥官出来，15次免罚机会用完，你们要为他们的行为负责，来，做俯卧撑。"

5个指挥官在大家的眼前做完8个俯卧撑。跨越继续。大家的动作逐渐娴熟，也更加小心翼翼。就在大家都奋力运送队员的时候，刺耳的哨声打断了大家的动作，我们都愣在那儿。在教练的要求下，指挥官们不得不站出来继续做俯卧撑，这次是16个。

教练愤怒地说："看到没，你们做错的事，他们在为你们买单，有些人心里一点儿感觉都没有，不痛不痒，因为受罚的那个人不是他！下次再违规就是32次。"

他们咬牙做着俯卧撑，1个、2个……"看啊，你们对得起他们吗？如果你们再团结一点，他们需要做这些吗？你们好好看看他们，他们已经没有力气了，可是他们却坚持为你们受罚，不抛弃不放弃！"教练激昂地说着。

这时我们个个低着头，红着脸，流下了泪水，后悔、内疚、惭愧交织地涌上每一个人的心头。每个人的心里都在暗暗发誓：我一定不能违规……

终于，只剩下最后一个指挥官了，因为做了太多的俯卧撑，送了太多的人过来，他已经无力让自己跨越。教练激动地说道："如果你们想不出办法来救他，那他就要背向你们向前走一步……"几乎所有的同学汗水、泪水交织在一起，都在呐喊："回来！回来……"教练让我们闭上眼睛，耐心地说道："你看他的身影像不像你们的父母？含辛茹苦地养育你们，什么事都自己担，而你们有时候还顶嘴、反抗，你们什么时候体谅过他们？你们看看他们头上是不是又添白发了，是不是又老了？……""你们如果不放弃你们的同学，教练会想方法让他过去。"大家不约而同地用尽力气呐喊：不抛弃不放弃！不抛弃不放弃……我们的同学在父母的帮助下全部都跨越了"生死线"。

这是一次心灵的洗涤，让我懂得了团结、奋斗、锲而不舍的力量，懂得了珍惜友情、感恩父母。"哀哀父母，生我劬劳。"我要用我全部的爱给予回馈。

爱，离我们不远。

——广州开发区第二小学学生　王丹娜

人生不是赛场，是合作的舞台

非常感谢学校组织的拓展活动，这次活动非常好，非常有意义！最让我感动的是最后一个活动，大朋友、小朋友哭成一团，我相信孩子们都被触动了。这就是"一个灵魂唤醒另一个灵魂"吧！我相信孩子们经过这一天的活动，对感恩、担当、责任、付出会有他们的理解。千百句的说教抵不上一次刻骨铭心的活动。

让我感触最多的也是最后一个活动。谁说现在的孩子娇生惯养？谁说现在的孩子没有担当？那是我们没有给他们机会。当我看到3个总指挥一次次因为同学们犯规而被罚做俯卧撑的时候，我脑子里就在回荡着这句话。他们知道规则，他们有机会退出，但他们没有。他们是多么有担当的孩子！

当我看到一个个孩子，尤其是男孩子满头大汗，我知道他们今天一定抬了很多同学。当我看到教练问孩子们是不是做什么都愿意，只要留下3个总指挥的时候，孩子们大哭着答应，我脑子里也在回荡着这句话。

活动结束，在回家的路上，我问女儿："今天你抬了几个人？"我是想告诉她，当我们在得到别人帮助的时候，也应该想一想我们可以怎么帮助别人；当别人在为团队付出的时候，我们也应该问问自己可以为团队做什么。就像我们玩的"市场价值，重新组价"这个游戏，告诉我们一个道理，别管是一块钱，还是五角钱，都有它们自身不可替代的价值。我们每个人在团队中也是一样，我们在团队中也有自己不可替代的价值！每个人根据自己的能力和特长都可以为团队贡献价值。

让我感动的是，回到家里，女儿立刻就把我给她订的《童话大王》和《我们爱科学》全收拾出来，说是第二天拿到学校给同学们分享。之所以想到这个是因为刚好瑞潼想看《童话大王》，她就一起带上。我很欣慰，孩子已经在为团队创造她的价值。

人生不是赛场，人生是合作的舞台。感谢学校通过拓展活动培养孩子们合作、团结、付出、承担的品质！学校组织的一次次活动，让这些可贵的品质在孩子们心中生根、发芽、壮大，相信这些可贵的品质将照亮孩子们的人生路，帮助他们实现人生价值。

"天生我材必有用！"孩子们，加油！

——广州开发区第二小学家长　王嘉莹妈妈

触动心灵的拓展

其实在陪同张圆瑷参加这个活动之前，我一直以为只是常规的拓展训练。但没想到活动最后一个项目"超越生命线"给了我一个很大的惊喜和震动，这是针对目前小孩较自我、忽视他人的感受、不够感恩的心态的一场较深层的教育，也给了同学们一次直观的感受：即使是自己无意的一次违反规则的行为，都有可能给爱自己的人、为自己承担责任的人、为自己付出关爱的人带来伤害。

感触是一时的，泪水也是一时的。当泪水干了，睡过一觉醒来后，不知还有多少孩子能记住当时的感受。

正如许多家长说，我们不能指望只通过一场活动就完全扭转或改变孩子不好的行为或不好的心态。但无论如何，我相信这个项目总会让孩子们心中留有点滴痕迹和记忆，当这样的痕迹和记忆在孩子的成长过程中越来越多时，就会化成精神上的正能量，从而起到强大的作用。

孩子们在成长的关键时刻，正需要有一场惊雷般的活动来震动他们的心灵。相信每一个孩子都拥有对父母的感恩之心、对老师的感恩之心、对同学的感恩之心。

最后，衷心感谢第二小学的学校领导和老师们！

——广州开发区第二小学家长　张洲寅

相遇相知·真诚付出

2018年4月21日是一个普通的春日，但对于我们来讲却是个令人难忘的日子——这一天，孩子们在拓展游戏中向我们展现了他们的领导力、执行力、创造力、沟通力及协调力。这是在学校和家庭中，我们所不能深入了解的孩子的另一面。在活动中，孩子们遇到困难坦然而对，敢于挑战。在成功时，他们心怀感激；在失利时，他们心怀宽容。每个参与的成员在活动中都会发现周围人身上的潜在魅力，每个人都去思考、感悟和欣赏，在实践中认识到团队合作的重要性。

当然，此次活动孩子也存在着一些懒散、参与意识不强的问题。这或许与孩子当天的身体状况以及自身性格有关。只要我们班建立了良好的相互配合、相互促进的氛围，孩子们就会逐渐被感召。一次拓展活动对于我们，不仅是一次触动，更是一个开始。无论是家长还是孩子都会为这次经历而感动，心生感恩。

感恩学校组织了这次活动，让我们彼此牵手，为建立融洽的亲子关系而努力！

感恩我们有幸遇到智慧的余老师，对我们（3）班不离不弃，将爱播撒到每个孩子的心田！

感恩为了此次活动忙碌的工作人员，正是有了他们细致的安排，才会让我们的活动安全、有序、圆满地完成！

感恩我们彼此的相遇相知，彼此真诚地付出。让我们怀着感恩的心去生活，让自己快乐，也让别人因我而快乐！

——广州开发区第二小学家长　齐威

心智体验，共同成长

这一次以"心智体验，共同成长"为主题的户外拓展活动，寓教于乐，收获良多。

教练统一讲解规则、说明注意事项及多次热身活动训练了孩子们的规范意识、纪律意识。在"珠行万里"项目中，大家不断总结平衡方法，多次尝试，不灰心、不气馁，互相提醒、互相沟通，终于以最快速度完成落球入桶。在"鼓舞飞扬"项目中，大家群策群力，共同探寻其中的奥妙，不怕失败，不断进取，团结协作，达到最佳配合状态，颠球次数达到最高。在挑战极限项目中，队员们也是同心协力，想办法、找规律，取长补短，互相鼓励，和谐沟通，以最好的团队协作状态完成任务。感恩项目"跨越生命线"，在逃生过程中，触碰网线就意味着全军覆没，在队员多次违规、队长也多次受到相应的惩罚后，孩子们的斗志、团队荣誉感和内心深处的同理之心、感恩之心被激发。最终，孩子们团结一致，密切合作，克服困难，成功将队员一个个运送至安全地带。

这次拓展活动让孩子们体验到和谐的人际沟通、有效表达自己、团队密切合作的重要性，培养了孩子们的计划、组织、协调能力，也培养了孩子之间的相互信任和感恩理解父母、感恩理解老师的美好品质。

作为家长，我们结合每项活动中孩子的表现，互相认真沟通，让收获的感悟深植于心，伴他成长！最后真挚感谢学校、老师们的良苦用心和辛苦付出！你们是最棒的！

——广州开发区第二小学家长　马世云

从"不完美"中学习成长

在拓展活动中，孩子们的表现让我感动——你们积极投入，用心参与，敢于挑战，勇于承担，团结协作，思维敏锐，情真意切，富有爱心，自律自信，坚韧自强……

你们的优秀从"围圈挑战30秒"的专注、步调统一、协调一致中展现出来；从"团建"环节的整齐、士气高昂，口号的力度和响亮度中传递出来；从"合作三项90秒"挑战项目前的认真练习，挑战时屏息按捺，给队友支持、信任，挑战后虽然没有得到第一却不气馁，相互鼓励打气的细节中体现出来；从"鼓舞人心"环节的齐心协力、努力统一步调，积极沟通、出谋划策中散发出来；从"信号传递"活动中的用心思考、统一沟通模式、全情体验，积极总结失误、把失误当作学习进步的机会，从中汲取有益的经验中显现出来。

特别是在最后"跨越生命线"活动环节，更是淋漓尽致地凸显出你们内心真、善、美的品格和卓越的风采！你们对规则有敬畏，活动中勇于担当，不抛弃不放弃，克服困难坚持到最后，心往一处想、劲往一处使。你们相互信任、谦让，把方便留给同伴，把困难留给自己，哪怕被挤到旁边、后面，也要想方设法伸出手给同学送去一份支持的力量；哪怕已经用尽全力，腰酸背痛、手臂发麻、双腿颤抖，也要再次咬牙坚持、拼尽力气把同学高高撑起、稳稳托住，让他能安全通过"高压线"。最后，你们为队长的坚持、承担和不放弃流下真挚的泪水！你们柔软有爱的内心让我和许多家长们都备受感动。

相信活动的收获和感悟比一个学期书本所学都更深刻，影响都更长远。因为说教可能很快遗忘，演示可能只会记得一点，而参与感受让人能真正懂得！

感谢第二小学用心组织这次拓展活动，让孩子和家长们都收获多多！

——广州开发区第二小学家长　孙敏

让我的爱伴着你

芳草蔓蔓的拓展空间里，剩下最后那位敢于承担、敢于担当的大队长，孤独的身影一步一步地走远。"回来，你快回来……"孩子群里带着哭声的呼唤一波高过一波。他们互相搀扶着，牵着手，眼里全是热泪，有些孩子开始哭出声来，眼泪在晒得黑红黑红的脸上闪耀着星星般的光亮，刹那间闪了我的双眼。拿手机抓拍的手连同我的内心微微发抖，真切的情感在身体最原始的情感世界里悸动。取下墨镜，我偷偷拭去眼里模糊的泪水，继续抓拍着每个感人的神情……

"如果这是我们的亲人，看着他默默地远去、离去……也许是最后一面，也许再也见不到他……"

也许孩子们对生离死别没有太多的概念，但是对于甘苦与共、患难之交，一定通过刚才的集体拓展环节有了最真切的体会。对于敢于担当的大队长，我的感受是：你在坚定地承担起全班的责任勇往直前、不抛弃不放弃的同时，成就的不仅仅是自己，你已经给天地万物一个最美丽的答案。你就是人生战场上永不撤退的勇士，绝不会再做困难的逃兵。你就是集体的精神支柱，你就是一盏同学们心中的导航灯，照亮他们前进的方向，让集体拥护你、支持你、配合你，团结在你的周围，紧紧手挽手、肩并肩，让不犯规的机会在不可能的可能中迸发出来，让人学会在夹缝中顽强地生存，这是一种多么可贵的勇气和力量。

我亲爱的孩子，我始终教育你做一个对社会有价值的人，而不只是对家庭，家庭是一个小家，集体、社会、国家才是一个大家。成长为一个强大的人，拥有内心不凡的意志力和耐力，这是心灵成长的过程。人的一生，不可预计命运会在哪个急转弯踉踉跄跄，即使跌倒，即使失败，我们依然要做好最坏的打算去坚忍地迎接下一个出口。哪怕是匍匐前行，含着泪也要爬过去。

我的孩子，当我将你紧拥入怀时，不知道这中间又隔了两个春秋。

知道你需要释放，我只是紧紧拥抱，只是轻轻拍着你的后背，让你有片刻时间将认知、情感、感动、感恩、课程的知识、心里的体会慢慢输入大脑："妈妈，我爱您！我真的很爱您！"

"孩子，妈妈也爱你，成长是一个慢慢成熟的过程，你要做一个敢于承担责任、对社会有价值的人，这是妈妈对你说的最多的话……妈妈平时说你比较多，你现在懂事了，才知道妈妈不容易，所有的关心、所有的呵护，都是因为妈妈爱你。"

女儿送给我一个亲吻作为所有语言的回答。这一刻，我突然热泪盈眶，早就知道自己是个不太容易被感动的人。在记忆中，我每次趁她睡熟的时候，才能偷偷吻一下她的额头。如果是醒着的，她甚至要闹着跟我打架，都不会让我"得逞"。孩子大了，好像和我越来越疏远了，我倒是挺怀念她小时候被我抱着的时光，总禁不住亲亲她的小脸蛋。而在这一刻，我明显感觉她一下子长大了，懂事了，因为她比我高半个头，倒突然觉得自己像个孩子一样知足地在心里乐开了花。

也许我天生是个极度容易满足的人，当分享会开始的时候，我不管不顾地站在几百人的大圆圈中，分享我那一刻的心情。

"梅花香自苦寒来，宝剑锋从磨砺出。"亲爱的孩子们，我这一刻很感动！我相信所有的家长都跟我一样感动。当她抱着我，哭着说爱我时，我觉得特别幸福。同时看到这么一个有凝聚力和向心力的集体，他们敢于拼搏，敢于承担责任，始终放他人利益、集体利益于个人利益之上。我感觉到新一代人的精神面貌，不抛弃不放弃。人生路上困难重重，更需要有一种精神一直推他们前行。我们做家长的只负责陪伴、引导，给他们更多的支持和爱，让他们自由地生长，让他们自由地开花，成长成国家的栋梁，散发他们独有的芬芳！

每一次不管成功还是失败，我始终有一股尝试的勇气，这是我带给女儿的精神力量。当被抽到上台比赛跳舞时，我亦是勇往直前，我所做的是我能做的，是勇气，是尝试，是经历，是不怕失败。作为一个母亲，自己的孩子不管是优秀也好，淘气也罢，都是童真，都是孩子的天性，给他们一个表率，给他们一个成长的平台，让他们长成他们自己想要的样子，就是自己一生最得意的作品。让他们慢慢在校园里求知求学，砥砺前行；在社会上跌宕起伏，越挫越勇；在生活上成家立业，家庭和睦……而父母始终要与他们挥别。一生很短暂，但是陪伴很长情，很暖心。我只想说，余生，让我的爱一直伴着你，我的孩子！

6年的小学求学很快要画上一个句号，感恩所有的遇见，感恩学校，感恩老师，感恩同学，感恩教练，感恩亲人的相亲相爱。人生的每一次相遇、每一次别离、每一次成功、每一次失败、每一次伸手、每一次接纳，都是一种不可复制的成长经历，孩子们，请继续前行。这一幅人生的画卷，需要你们亲手绘制，"童真""友情""快乐""上进"是你们这个阶段的代名词。愿你们超越生活的俗尘，在知识的海洋里扬帆启航。让青春和梦想随风起舞，将来做个对社会有价值的人。

永远爱你的妈妈。

——广州开发区第二小学家长　欧飞

后记

"我原想收获一缕春风，你却给了我整个春天。我原想捧起一簇浪花，你却给了我整个海洋……"

从一个简单的微笑开始，到发现教育的真谛，传播爱的力量；

从一人的漫漫路上求真问道，到一群人惺惺相惜，和衷共济；

从喜欢到热爱，从热爱到坚持，从坚持到坚守，终于结成累累硕果。

我庆幸自己在教育生涯中探索出了微笑教育这条带给自己和师生快乐的道路，并乐此不疲一直跋涉，同时感召一群群有缘人，如今我们得以相聚在更高处。

我庆幸在2021年9月担任新一轮（2021—2023年）广东省中小学名校长工作室主持人后，根据省教育厅工作指引，充分发挥工作室示范引领作用，围绕落实"立德树人"根本任务，将微笑教育的理念贯穿始终，无条件向成员共享工作室的全部资源，帮助成员校实现长足发展。同时，想方设法给予成员各种历练和展示自我的机会，促进成员深度领悟所学、所见，并将其内化为自己的教育思想。采用自主研修、课题研究、入校走访、问诊把脉、交流示范等帮助工作室成员在现实情境中积累了典型办学经验，提升了教育教学能力和教育管理水平。我欣慰地看到工作室成员在接受微笑教育并加以推广、传播，最后影响到更多的老师、孩子和家庭。

我希望孩子们有一个快乐的童年，我希望每一个在开发区第二小学的孩子，不仅在学校学习知识，更重要的是享受成长的乐趣。我希望6年的时光能为他们的将来奠定坚实的基础。我希望家长可以放心把孩子交到学校，孩子的成长有目共睹。

我希望教师们可以感受到我对他们的关注，怀着愉悦的心情备课、教学、沟通、生活……我希望每一个教师获得为人师表的成就和价值。我希望工作室成员继续将所学所思所悟加以实践，对学校特色进行挖掘，走出适合自己的道路。

微笑教育的成功源于专家的指导，源于家长的认同，源于团队的努力，此时，我的脑海里浮现出一张张笑脸，他们洋溢着灿烂、自信、友爱、包容……我的心里感到特别温暖和舒坦，自在而满足。我想，这就是持之以恒后岁月给我最好的见证吧！

我感谢工作室成员与我结下的兄弟姐妹般的深情、亦师亦友的厚谊，每一个入室弟子恭敬崇仰的眼神让我看到当初的自己，于是把经验和教训化为智慧毫无保留地倾囊相授，他们的每一分努力和成长我都看在眼里，记在心上，每一分谢意和祝福我都深深珍藏。正是他们的信赖，才让微笑教育的种子在更多的地方扎根发芽。我相信，只要他们一直坚持，也会开出美丽的花朵。

本书的撰写离不开众多鲜活的案例，这凝聚着开发区第二小学全体教师和工作室每个成员的智慧，感谢大家的鼎力支持和无私分享。

感谢广东省教育厅、广东省中小学校长培训中心的引领和鼓励，感谢华南师范大学、广东第二师范学院等高校专家、学者的指导和支持，感谢兄弟学校各位校长朋友给予我的无私帮助。

最后，还要感谢助理邓羡华、朱建东对资料的收集和整理，感谢本书的责任编辑为此书最终面世所做的一切努力，感谢让本书得以付梓的所有工作者！

由于篇幅有限，在此未能将更多给予支持的人们一一呈现。但我相信，本书能给正在思考"如何培养学生成为幸福的人"的教师和"如何更好地培养骨干教师""如何创建学校品牌"的校长，以及"如何发挥名校长工作室的引领示范作用"的主持人以借鉴和启发。

　　"路漫漫其修远兮，吾将上下而求索。"开发区第二小学教育集团将继续在微笑教育办学思想的指导下，传承"今天你微笑了吗？"的校训，继续解放思想，开拓创新，从文化先导、评价引领、资源共享、团队锻造、特色共融等方面入手，培养阳光自信的学生，促进集团教育教学质量整体提升，打造"各美其美、美美与共"的集团化办学样态。

　　一路走来，离不开家人、友人、贵人、高人相助，在此，再优美的文字也表达不了我对大家的深深谢意，唯有将感激铭刻心中，化为动力，继续坚守微笑教育的事业。我相信，只要有志同道合的一群人不离不弃，聚时一团火，散时满天星，各自精彩，微笑之光一定会带给世界浓浓的暖意。

　　因为，我们微笑，我们悦心，我们光明。

　　谨以为记。